FALTPLAN

»Schreiben Sie uns!

Wir hoffen, dass Ihnen dieser Reiseführer gefällt und er Ihnen ein guter Begleiter auf einer außergewöhnlichen und spannenden Reise ist.

Weil ein Reiseführer von Erfahrungen lebt, sind wir an Ihren Erlebnissen interessiert: Haben Sie im Buch ein Restaurant entdeckt, das es nicht mehr gibt, eine Sehenswürdigkeit, die wir noch nicht aufgeführt haben, oder eine falsche Adresse? Dann schreiben Sie uns!

Wir nehmen jeden Hinweis und jede Kritik ernst und arbeiten kontinuierlich daran, die Bücher aktuell zu halten und immer weiter zu verbessern. Auch wenn wir nicht jeden Wunsch erfüllen können, machen wir uns immer Gedanken über Ihre Anmerkungen.

Schreiben Sie an: info@reise-know-how.de oder Reise Know-How Verlag Peter Rump GmbH, Postfach 140666, 33626 Bielefeld

Wenn sich Ihre Infos direkt auf das Buch beziehen, bitten wir um die Angabe der Seitenzahl und der Auflagennummer bzw. des Erscheinungsjahres. Besonders hilfreiche Beiträge belohnen wir mit einem Sprachführer Ihrer Wahl aus unserer „Kauderwelsch"-Reihe.

Herzlichen Dank und gute Reisen
Ihr Reise Know-How Verlag

Diesem Buch wurde hier ein herausnehmbarer Faltplan beigefügt.
Sollte er beim Erwerb des Buches nicht mehr vorhanden sein, fragen Sie bitte bei Ihrem Buchhändler nach.

Liebe Leserin, lieber Leser,

ein unabhängiger Verlag für unabhängig Reisende – das sind wir, der Reise Know-How Verlag aus Bielefeld, eines der letzten Familienunternehmen in der Branche. Obwohl wir zu den größten Reiseführerverlagen Deutschlands gehören, ist der familiäre Umgang miteinander in allen Bereichen des Verlagslebens zu spüren: In der Geschäftsführung in zweiter Generation, in einer wertschätzenden Arbeitsatmosphäre, in der Nähe zu unseren frei arbeitenden Autorinnen und Autoren, im engen Austausch mit unseren Leserinnen und Lesern – und auch in der Zusammenarbeit mit Druckereien in Deutschland, in denen wir ausschließlich und regional unsere Bücher produzieren. Die sollen schließlich erst mit Ihnen auf große Reise gehen.

Alles, was wir in unsere Bücher und Landkarten stecken, soll Ihnen eines ermöglichen: Auf Ihre ganz eigene, individuelle Weise die Welt zu entdecken. Wir wünschen Ihnen viel Freude und unvergessliche Erlebnisse mit diesem Reiseführer.

Es grüßen herzlich
Peter Rump & Wayan Rump

Friedens- und Wasserstadt Augsburg

„Denn mir sinn Augschburgr … und ihr nicht!“ – so singen die FCA-Fans lautstark im Fußballstadion. Doch was macht den „Augschburgr“ eigentlich aus? Im Umland aufgewachsen und seit Jahrzehnten in der Stadt lebend, haben uns die Recherchen für diesen Reiseführer neu die Augen geöffnet, wie eigenwillig seine Bewohner einerseits sind und wie besonders die Stadt andererseits ist.

Augsburg – offiziell Teil der Metropolregion München – stand immer im Schatten der Landeshauptstadt. Dennoch ist Augsburg mehr als das „Schlafzimmer Münchens“ und alles andere als eine verschlafene Stadt. Nicht nur ist Augsburg eine Römerstadt und damit viel älter als München, nein, es gibt auch Raritäten wie das als UNESCO-Kulturerbe gewürdigte Wassersystem (s. S. 108), das zum Kulturzentrum umgestaltete historische Gaswerk 45 oder die Fuggerei 29 zu entdecken. Hier wurden Bert Brecht, der Renaissance-Baumeister Elias Holl und Leopold Mozart geboren, der Dieselmotor erfunden und es gibt nicht nur einen solide arbeitenden Fußballclub, sondern auch Deutschlands ältesten Eissportverein.

Augsburg verfügt über mehrere Altstadtbereiche, eine Prachtmeile mit Brunnen und Palästen sowie einzigartige Kirchen wie St. Ulrich und Afra 7, den Dom 14, St. Moritz 4 oder Herz-Jesu 36. Feinschmecker schätzen den Stadtmarkt 11, Naturfreunde das „grüne Augsburg“ und die kreative Szene ist ausgeprägt. Das tim 31 ist ein innovatives Industriemuseum und der Hofgarten (s. S. 31) sowie das Kräutergärtlein (s. S. 42) sind wunderbare Orte für ein Päuschen – Augsburg steckt voller Überraschungen!

Die Autoren

Als sich **Margit Brinke und Peter Kränzle** vor vielen Jahren nach dem mit der Promotion abgeschlossenen Archäologiestudium und der Arbeit bei der Stadtarchäologie Augsburg als freie Sport- und Reisejournalisten und -autoren selbstständig machten, zog es sie zunächst v. a. in die Ferne, meistens in die USA. Als 2013 dann Augsburg als CityTrip ins Gespräch kam, griffen sie zu. „Ist ja ein Heimspiel!“, dachten sie, doch weit gefehlt! Es sollte dauern, bis sie ihre Heimatstadt so richtig kannten. Und sie lernen immer noch dazu!

Inzwischen haben sie über 100 Titel bei verschiedenen Verlagen, darunter viele im Reise Know-How Verlag, im Reise-, Kultur- und Sportbereich publiziert und arbeiten für diverse Zeitungen, Magazine und Websites sowie an ihrem eigenen Blog http://travelingtramps.blogspot.com. Mit Stolz erfüllen sie der Buchpreis der ITB 2005 für den CityGuide Athen und der 2018 in den USA erhaltene „IPW Travel Writer Award“.

150ab Abb.: mb

Augsburg auf einen Blick

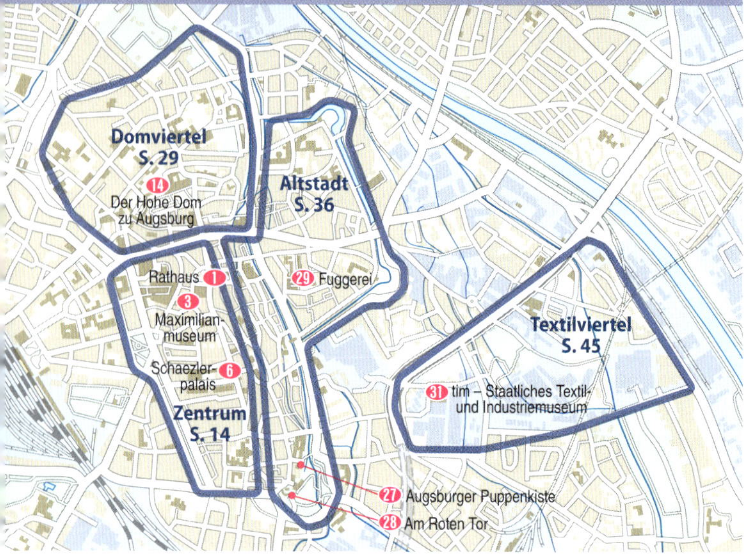

Inhalt

Cleveres Nummernsystem

Die Sehenswürdigkeiten sind im Text und im Kartenmaterial mit derselben **magentafarbenen ovalen Nummer** ❶ markiert. Alle anderen Lokalitäten wie Geschäfte, Restaurants usw. tragen ein **Symbol und eine fortlaufende rote Nummer** (**1**). Die Liste aller Orte und die Zeichenerklärung befinden sich im Anhang.

Der Schmetterling ...

... zeigt an, wo man Angebote im Bereich des nachhaltigen Tourismus findet.

Bewertung der Sehenswürdigkeiten

★★★ nicht verpassen
★★ besonders sehenswert
★ wichtig für speziell interessierte Besucher

Planquadrat im Kartenmaterial

[A1] Orte ohne diese Angabe liegen außerhalb unserer Karten. Ihre Lage kann aber wie die aller Ortsmarken mithilfe der begleitenden Web-App angezeigt werden (s. Anhang).

Vorwahl
› für Augsburg: 0821

Updates zum Buch
www.reise-know-how.de/citytrip/augsburg24

› Am 29. September wird am Perlachturm ❷ „Turamichele" gefeiert (112ab Abb.: ©Manfredxy, dreamstime.com)

NICHT VERPASSEN!

1 Rathaus [D4]
Augsburgs Rathaus gilt als einer der bedeutendsten Profanbauten der Renaissance nördlich der Alpen. Highlight ist der Goldene Saal (s. S. 14).

3 Maximilianmuseum [D4]
Das Maximilianmuseum gibt einen Überblick über Augsburgs einst führende Rolle in Kunst und Kunsthandwerk. Im Innenhof sind bemerkenswerte Brunnenskulpturen zu sehen (s. S. 18).

6 Schaezlerpalais [D5]
Eines der schönsten Stadtpalais Augsburgs aus dem 18. Jh. befindet sich an der prächtigen Maximilianstraße. Es beherbergt die bedeutende Deutsche Barockgalerie (s. S. 21).

14 Der Hohe Dom zu Augsburg [D3]
Der im 9. Jh. entstandene Dom bildet das kirchliche Pendant zum Rathaus. Teil der Anlage sind der Fronhof, die ehemalige Fürstbischöfliche Residenz und das Diözesanmuseum St. Afra (s. S. 29).

27 Augsburger Puppenkiste [E6]
Die 1948 ins Leben gerufene Puppenkiste und ihre Helden sind zum Symbol der Stadt geworden. Dem Marionettentheater im historischen Heilig-Geist-Spital ist ein Museum angeschlossen (s. S. 38).

28 Am Roten Tor [E7]
Einst war das Tor Teil der Stadtbefestigung. In der Nähe befinden sich die Freilichtbühne, drei historische Wassertürme und das Kräutergärtlein (s. S. 40).

29 Fuggerei [E4]
Die Fuggerei gilt als älteste Sozialsiedlung der Welt. Heute ist sie ein viel besuchtes „Open-Air-Museum“ mit Ausstellungen, Lokal und Shop (s. S. 42).

31 tim – Staatliches Textil- und Industriemuseum [G5]
Das multimediale tim in einer ehemaligen Kammgarnspinnerei erinnert an die Bedeutung der Textilindustrie in Augsburg (s. S. 46).

163ab Abb.: ©Sina Etmer, stock.adobe.com

Willkommen in Augsburg

Jahrzehntelang galt eine Kolumne in der Samstagsausgabe der Lokalzeitung als Pflichtlektüre: „Plimm geht durch die Stadt". In ihr erklärte Autor Benno Plabst Augsburg und seine Bewohner aus der Sicht des durch die Viertel der Stadt spazierenden Herrn Plimm. Nicht nur Attraktionen abhaken, sondern sich wie Herr Plimm durch die Viertel treiben lassen – nur so lernt man den Pulsschlag einer Stadt kennen.

Das gilt für die schwäbische Metropole ganz besonders, denn hier schlägt das Herz vielleicht etwas langsamer, bedächtiger. „Nur net hudle" („Bloß nicht hetzen"), ist eines der Lieblingsmottos des Herrn Plimm und damit des typischen Augsburgers. Ein Glück für Besucher ist, dass sich die Hauptattraktionen auf das überschaubare Areal zwischen Hauptbahnhof, Königsplatz, Annastraße, Dom, Rathausplatz und Maximilianstraße verteilen. Hier gilt es neben dem **Rathaus** 1 mit dem **Goldenen Saal** bedeutende Kirchen wie den **Dom** 14, **St. Ulrich und Afra** 7 oder **St. Anna** 10 sowie interessante Museen wie das **Maximilianmuseum** 3 oder das **Schaezlerpalais** 6 zu besichtigen. Für „trivialere" Abwechslung sorgen im Zentrum der umtriebige **Stadtmarkt** 11 mit seinen Leckereien aus Nah und Fern und die Läden in der **Annastraße** [C5–D4] und den benachbarten Fußgängerzonen.

Gerade die **Maximilianstraße** 5 mit Lokalen, Clubs, Cafés und Läden, aber vor allem mit den alten Prachtbauten der Fugger und Welser, spiegelt noch heute den Glanz der einst wirtschaftlich so bedeutenden Stadt wider. Was für einen Kontrast bildet dagegen die nur wenige Schritte entfernt östlich gelegene **Altstadt.** Enge Gassen und steile Treppen führen hinunter in die Unterstadt, wo Augsburg noch authentisch ist. Hier findet man ausgefallene Läden, Cafés und Lokale und Attraktionen wie **Brechthaus** 24 oder **Puppenkiste** 27.

Ehe man mit der **Jakobervorstadt** (s. S. 43) ein anderes urtypisch Augsburger Viertel erreicht, passiert man die **Fuggerei** 29, eine eigenwillige Mischung aus einem Freiluftmuseum und einer immer noch bewohnter Sozialsiedlung. Die Jakobervorstadt symbolisiert einerseits das „alte" Augsburg mit der historischen Jakoberkirche und dem **Jakoberwall,** andererseits das „moderne", multi-ethnische Augsburg, wo alteingesessene Geschäfte neben türkischen und anderen internationalen Läden und Lokalen liegen.

Ganz anders das **Domviertel:** Hier hat bis heute die (katholische) Kirche das Sagen, und das nicht nur optisch durch den Dom, denn ihr gehören die meisten Grundstücke und sie betreibt Schulen und Klöster. Historische Gassen wie die **Herrenhäuser** [C2] oder Stadtwallanlagen wie **Lueginsland** 18 finden sich in nächster Nähe, daneben bekannte Attraktionen wie das **Leopold-Mozart-Haus** 21. Im Domviertel befindet sich mit dem **Grandhotel Cosmopolis** (s. S. 78) außerdem ein wegweisendes und preisgekröntes Kultur- und Sozialprojekt mit nettem Café.

Eine andere Seite des modernen Augsburg ist das ehemalige **Tex-**

◁ *Vorseite: Herrliche Fassaden schmücken die Maximilianstraße* 5

008ab Abb.: mb

tilviertel. Hinter der **City-Galerie** (Willy-Brandt-Platz [E5]), bei Einheimischen und Bewohnern des Umlands gleichermaßen beliebtes Einkaufszentrum, wurde das alte Industrieviertel in ein Wohnareal mit Lokalen umgewandelt. Obwohl viel historische Bausubstanz verloren gegangen ist und stattdessen architektonisch eher nichtssagende Wohnkomplexe entstanden sind, blieben einige sehenswerte Relikte erhalten: z. B. der **Glaspalast** (s. S. 46) mit seinen Museen, die alte **Kälberhalle** 32 (heute ein Lokal) auf dem ehemaligen Schlacht- und Viehhof sowie das **tim** 31, das bayerische Textil- und Industriemuseum, das ebenso wie das Stadtarchiv in Teile der ehemaligen Augsburger Kammgarnspinnerei eingezogen ist.

Der Herkulesbrunnen ist einer der drei Prachtbrunnen (s. S. 17)

Augsburg an einem Tag

Bert Brecht hat den Namen seiner Heimatstadt in aller Welt bekannt gemacht – auch weil er als „Augschburger" niemals den speziellen Stadtdialekt ablegen konnte. Doch Augsburg ist mehr als „BB": römische Provinzhauptstadt, Handels- und Bankenzentrum zu Zeiten der Fugger und Welser, Kunstzentrum zwischen Renaissance und Barock, bedeutender Industriestandort (Textil, MAN) und nicht zuletzt Friedens- und Wasserstadt.

Wer nur einen Tag für den Besuch im historischen Augsburg Zeit hat, sollte sich am vorgeschlagenen **Stadtspaziergang** (s. S. 13) orientieren, um einen Überblick über die Stadt zu erhalten.

Für **Architekturfreunde** präsentiert sich die alte Reichsstadt mit ihren Prachtbauten in historischen Stilen zwischen Maximilianstraße 5 und Rathaus 1 weitläufig und weltmännisch. Moderne Architektur ist geballt im Textilviertel (s. S. 45) zu finden.

Zum **Bummeln** sind die geschäftigen, engen Gassen der Unterstadt (Altstadt) prädestiniert. Auch rund um die Fußgängerzone (zwischen Annastraße [C5–D4] und Rathausplatz [D4]) kommt das Shopping nicht zu kurz. In der Altstadt (s. S. 36) gibt es in Innenhöfen und kleinen Parks, auf Plätzen und entlang der zahllosen Kanäle zudem immer wieder **Gelegenheit zum Ausruhen.**

Interessante **Museen** wie das Maximilianmuseum 3, das Schaetzlerpalais 6, das Fugger- und Welser-Erlebnismuseum 22 oder das tim 31 informieren über unterschiedliche Aspekte der Stadt. Für **Familien** ideal sind z. B. Naturmuseum 13 oder Augsburger Puppenkiste 27, Zoo 39 oder Botanischer Garten 38.

Kurztrip nach Augsburg

1. Tag: Unterwegs in der Innenstadt

Perfekt ist es, wenn man mehr als einen Tag Zeit für Augsburg hat, denn dann bleibt Zeit für Museumsbesuche und man kann jenseits des Zentrums auf Entdeckungstour gehen oder sogar einen Ausflug ins Grüne einplanen.

Vormittags und mittags

Vom **Rathaus** 1 geht es zunächst ins **Maximilianmuseum** 3, das Einblick in die Geschichte und kunstgeschichtliche Bedeutung der Stadt gibt, und dann auf der Maxstraße mit einem Abstecher ins **Schaezlerpalais** 6 zur **Basilika St. Ulrich und Afra** 7. Von dort wäre es einfach, durch Peter-Kötzer-Gasse und durch die malerische Kirchgasse in die Altstadt zu bummeln.

Erster sehenswerter Punkt ist hier die **Augsburger Puppenkiste** 27 mit ihrem Museum. Anschließend lohnt ein Blick in den **Handwerkerhof**, ein Päuschen im **Kräutergärtlein** oder eines im Park am **Roten Tor** 28, ehe es vom Roten Tor per Tram zurück in die Innenstadt geht.

Nachmittags und abends

Auf dem Nachmittagsprogramm könnte dann die Fußgängerzone um die zentrale **Annastraße** [C5–D4] mit ihren zahlreichen Läden stehen. Nach einem Zwischenstopp an der **St.-Anna-Kirche** 10 mit „Lutherstiege" und sehenswerter Ausstellung geht es über den **Stadtmarkt** 11 zum **Dom** 14.

Für das Abendessen wären in der Innenstadt z. B. das **Restaurant Bauerntanz** (s. S. 67) oder der Ratskeller (s. S. 69) geeignet, gemütlich sitzt man im **Riegele WirtsHaus** (s. S. 69). Wer sich anschließend ins Nachtleben stürzen möchte, wird in der und um die **„Maxstraße"** 5 fündig.

2. Tag: Erkunden der Vorstädte

Vormittags und mittags

Der zweite Besuchstag beginnt in der **Altstadt**, unterhalb des Rathauses 1. Hier gilt es, dem berühmtesten Sohn der Stadt im **Brechthaus** 24 die Reverenz zu erweisen. Anschließend steht ein Besuch in der **Fuggerei** 29, der „ältesten Sozialsiedlung der Welt", auf dem Programm. Hier in der **Jakobervorstadt** (s. S. 43) stößt man zugleich auf weitere Überreste der alten **Stadtbefestigung**.

In der Altstadt, der Jakobervorstadt oder im angrenzenden Textilviertel finden sich zahlreiche Lokale und Cafés für die Mittagspause, z. B. das **Café Dreizehn** (s. S. 68), die **Die Tafeldecker in der Fuggerei** (s. S. 69), das **Café Euringer** (s. S. 73) oder das **nunó** (s. S. 72) im **tim** 31, dem nächsten Stopp.

Nachmittags und abends

Das **tim** 31, das **Staatliche Textil- und Industriemuseum**, ist derzeit das wohl spannendste Museum in Augsburg. Es gibt nicht nur Einblick in die einst bedeutende Textilindustrie der Stadt, sondern befasst sich auch mit Stoffen und Mode und zeigt immer wieder sehenswerte Wechselausstellungen.

Für den zweiten Abend empfiehlt es sich, die ethnische Vielfalt der Stadt kulinarisch zu entdecken, beispielsweise bei **Mama Soul** (s. S. 72), bei **u.k.i.y.o.** (s. S. 72) oder im **ANNA**

131ab Abb.: mb

Café (s. S. 71). Kulinarisch gehoben ist das **Magnolia** im Glaspalast (s. S. 67).

Was das Abendprogramm angeht, lohnt ein Blick in den Veranstaltungskalender: Gibt es vielleicht eine Aufführung auf der **Freilichtbühne am Roten Tor** (s. S. 77), eine Veranstaltung in der **Kresslesmühle** (s. S. 79) oder im **Gaswerk** 45, finden der Plärrer oder ein anderes Stadtfest statt (s. S. 87)? Notfalls geht man einfach auf ein kühles Bier oder einen Bier-Cocktail ins **Riegele WirtsHaus** (s. S. 69).

3. Tag: Auf ins Grüne

Nach all dem Stadttrubel tut ein Ausflug ins Grüne gut. Dabei hat Augsburg selbst in der Innenstadt viel Grün zu bieten.

Abgesehen vom zentrumsnahen **Wittelsbacher Park** 35 zu Füßen des Hotelturms – dem einzigen Hochhaus der Stadt – bildet der **Siebentischwald** 37 Augsburgs „grüne Oase". Im Süden der Stadt gelegen und leicht mit Bus und Tram erreichbar, bietet er nicht nur Spazier-, Lauf- und Radwege, sondern dank des **Kuhsees** 40 auch eine Bademöglichkeit. Zudem befinden sich in der Nähe der **Eiskanal** 41 – die erste künstliche Wildwasserkanuslalomstrecke der Welt –, der **Hochablass** 40 – das historische Stauwehr am Lech –, der **Botanische Garten** 38 und der **Zoo** 39.

Auch in anderen Stadtteilen gibt es lohnende Ausflugsziele (am besten eine AVV-Tageskarte zulegen): die **Jugendstilkirche Herz Jesu** 36 in **Pfersee**, das **Kurhaustheater in Göggingen** 42 oder das **Universitätsviertel** 43. Wer mehr Zeit hat, könnte in den **Naturpark Westliche Wälder** fahren und dort das **Kloster Oberschönenfeld** 46 besichtigen oder mit der Straßenbahnlinie 3 nach Königsbrunn fahren.

⌃ *Die Fassade des Zeughauses* 8, *geplant von Elias Holl*

Das gibt es nur in Augsburg

- Nicht „Zwetschgenkuchen", in Augsburg isst man **Zwetschgendatschi** (s. „Kulinarische Spezialitäten" S. 67). Die Stadt rühmt sich, ihn erfunden zu haben, weshalb man sie auch **„Datschiburg"** und die Bewohner „Datschiburger" nennt.
- Seit dem 8.8.1650 feiert Augsburg das **Hohe Friedensfest,** das in Dankbarkeit für den Friedensschluss nach dem Dreißigjährigen Krieg und die Gleichberechtigung der Religionen eingeführt wurde. An diesem Feiertag – 2018 zum Immateriellen UNESCO-Kulturerbe erklärt –, der nur im Stadtgebiet einer ist, erinnern zahlreiche Veranstaltungen an die Rolle als Friedensstadt (s. S. 106).
- Der **„Stoinerne Ma"** (auch „Stoinerner Mo", s. S. 32) in der Stadtmauer an der Schwedenstiege ist eine Augsburger Legende. Der Bäcker, dem zu Ehren das Denkmal nach dem Dreißigjährigen Krieg errichtet wurde, hatte während einer Belagerung aus Sägemehl Brote gebacken und über die Stadtmauer geworfen, um vorzugaukeln, dass man noch genügend Proviant habe – der Trick hat funktioniert!
- Die **Fuggerei** (29), 1514 bis 1525 errichtet, gilt als älteste Sozialsiedlung der Welt und erfüllt ihre Aufgabe noch immer.
- In den ehemaligen Wallanlagen am Roten Tor (28) wurde unterhalb des Heilig-Geist-Spitals ein **Kräutergärtlein** mit Pflanzen aus aller Welt angelegt. In diesem Augsburger Kleinod stehen die Kräuterbeete zur Selbstbedienung in kleinen Mengen zur Verfügung (s. S. 42).
- Die **Augsburger Puppenkiste** (27) und ihre Helden – Löwe, Urmel, Jim Knopf, Lukas der Lokomotivführer, Bill Bo und seine Kumpane – begeistern weltweit Jung und Alt. Vom Teamkapitän des FC Augsburg wird dem Gegner anstelle eines Wimpels eine Puppenkiste-Marionette übergeben. Bei jedem FCA-Tor ertönt außerdem die Titelmelodie „Eine Insel mit zwei Bergen ...".
- Die **offene Bibliothek im Hofgarten** wurde 2001 als temporäres Kunstwerk von den amerikanischen Künstlern Michael Clegg und Martin Guttmann initiiert. Im Garten der ehemaligen bischöflichen Residenz ist auf Drängen der Bürger nach Ende der Installation 2003 wieder ein öffentlicher Bücherschrank aufgestellt worden, aus dem Bücher entnommen oder hineingestellt werden können (s. S. 31).
- 2019 wurde die **historische Wasserversorgung** der Stadt von der UNESCO zum **Weltkulturerbe** erklärt. In der Wassermetropole Augsburg gibt es Kanäle, die eine Gesamtlänge von rund 135 km erreichen, dazu kommen 530 Brücken, 40 Wasserkraftanlagen und 7 Wassertürme. Und nicht zuletzt gibt es die erste vom Menschen geschaffene Olympia-Kanustrecke.
- 1949 eröffnete in Augsburg der erste **Selbstbedienungsladen** in Deutschland. Mit dem **Blauen Laden** erprobte die Handelskette Bernhard Müller Augsburg (BMA) als erstes deutsches Unternehmen dieses Konzept auf dem Betriebsgelände.
- Im Winter 1956 beginnt Rudolf Kunzmann, in Dasing bei Augsburg Rotwein mit Gewürzen und Zucker in Flaschen abgefüllt zu verkaufen. Der **Glühwein** war geboren.

Stadtspaziergang

Ein Tag ist für den Besuch einer historisch und kunstgeschichtlich bedeutenden Stadt wie Augsburg eindeutig zu wenig. Wer nicht mehr Zeit hat, kann aufgrund der Überschaubarkeit der Innenstadt aber auf einem Stadtspaziergang immerhin erste bleibende Erinnerungen mitnehmen.

Der in jeder Hinsicht „überragende" Bau der Stadt ist seit dem frühen 17. Jh. das **Rathaus** 1, ein im Stadtzentrum gelegener idealer Ausgangspunkt für einen Rundgang. Allein schon die Fassade ist beeindruckend, erst recht aber der Goldene Saal innen und auch die kleine Geschichtsausstellung in einem Nebenraum des Erdgeschoss lohnt.

Daneben befindet sich der Perlachturm 2. Auf dem Rathausplatz steht der erste von drei **Prachtbrunnen** (s. S. 17), der **Augustusbrunnen.** Folgt man von hier der „Prachtmeile" **Maximilianstraße** 5 stößt man auf die beiden anderen: den **Merkur-** und den **Herkulesbrunnen.** Hier lohnen Stopps am **Damen-** (s. S. 21) **und Zofenhof** (s. S. 21) oder am **Schaezlerpalais** 6. Wer sich nicht für die barocke Gemäldesammlung interessiert, kann kurz im Innenhof oder im Café verschnaufen. Am südlichen Ende der „Maxstraße" dominiert die **Basilika St. Ulrich und Afra** 7, davor steht die kleinere evangelische **St.-Ulrich-Kirche.** Beide sind zu Stein gewordene Beispiele für den Augsburger Religionsfrieden.

Von St. Ulrich ist es ein Katzensprung den Milchberg hinunter bis zur Spitalgasse, wo die legendäre **Augsburger Puppenkiste** 27 zu Hause ist. Wer keine Zeit für eine Vorstellung hat, bekommt im Museum eine gute Einführung. In unmittelbarer Nachbarschaft stehen die Wassertürme und das **Rote Tor** 28, daneben befindet sich die **Freilichtbühne** (s. S. 77) und hier erstrecken sich auch die Wallanlagen. Folgt man diesem Grünstreifen nach Norden (stadteinwärts), erreicht man bald das **Vogeltor** [E5], den Zugang zur Unter- und **Jakobervorstadt** (s. S. 43). In deren Zentrum (erreichbar über Oberen Graben und Jakoberstr.) liegt die berühmte **Fuggerei** 29. Nach deren Besichtigung geht es auf Jakober- bzw. Barfüßerstraße wieder Richtung Stadtzentrum. Ehe man vorbei an der **Stadtmetzg** 23 den Perlachberg in die Oberstadt hinaufsteigt, lohnt ein kurzer Abstecher zum **Brechthaus** 24.

Wendet man sich oben am Perlachberg nach rechts, fällt der **Dom** 14 ins Auge (erreichbar via Karolinenstr. und Hoher Weg). Westlich an die Kirche schließt sich der **Fronhof** 15 an, von dem die Johannisgasse zum Obst- und zum Kesselmarkt führt. An der Kreuzung mit der Karlstraße beginnt die **Annastraße**, eine **Fußgängerzone.** Highlights hier sind der **Stadtmarkt** 11, die **St.-Anna-Kirche** 10 und das **Maximilianmuseum** 3. Den südlichen Endpunkt bildet der **„Kö"** 9 (Königsplatz), Treff und Nahverkehrsknotenpunkt der Stadt. Über die abzweigende Bürgermeister-Fischer-Straße, ebenfalls eine Fußgängerzone, erreicht man das **Zeughaus** 8 mit Römischem Museum und den **Moritzplatz** mit der **Moritzkirche** 4, der nur einen Steinwurf vom Ausgangspunkt des Spaziergangs entfernt ist.

Routenverlauf im Stadtplan

Der hier beschriebene Spaziergang ist mit einer farbigen Linie im Stadtplan eingezeichnet.

Das Zentrum

Augsburgs Zentrum wird vom Rathaus dominiert, für die Geschichte und das Selbstverständnis der Stadt ein zentraler Punkt. Zugleich spielt sich auf dem vorgelagerten Rathausplatz das öffentliche Leben ab. Es schließt sich die Fußgängerzone um die Annastraße an und die Maximilianstraße startet hier. Zweiter zentraler Punkt ist der Königsplatz, kurz „Kö" genannt.

Dass Augsburg einst eine Stadt des Überflusses war und den Wohlstand auch entsprechend zur Schau stellte, fällt schon beim **Rathaus** 1, einem der prächtigsten öffentlichen Bauten Deutschlands, auf. Dass sich besonders die angesehenen Familien der Stadt, die Fugger, Welser oder Schaezler, auf Selbstdarstellung verstanden, offenbaren ein Spaziergang über die Prachtmeile der Stadt, die **Maximilianstraße** 5, ebenso wie ein Besuch im **Maximilianmuseum** 3 oder im **Schaezlerpalais** 6.

Eine ganz andere Seite kommt in der **Unterstadt** zum Vorschein, wo zwischen **Lechviertel, Ulrichsviertel** und **Jakobervorstadt** bis heute die Handwerker zu Hause sind und wo sich mit der **Fuggerei** 29 die älteste Sozialsiedlung der Welt befindet.

Stehen das Rathaus für die Stadt der Renaissance, die Museen für die Kulturstadt und die Maximilianstraße für die Stadt der Kaufleute und Bankiers, erinnern die zahlreichen Kirchen an die Stadt der Reformation. **Dom** 14 und **St. Ulrich und Afra** 7 symbolisieren das katholische Augsburg, **St. Anna** 10 hingegen gilt als eine der Geburtskirchen der Reformation.

Augsburg galt einmal als „Manchester Deutschlands" und hier wurde auch der Dieselmotor entwickelt. Handwerk und Industrialisierung wären ohne Wasserkraft undenkbar gewesen. Unzählige Kanäle, Mühlen und Wassertürme führen die **Bedeutung des Wassers** für die Stadt vor Augen. Das „Wassermanagement-System" wurde 2019 deshalb auch zum **UNESCO-Weltkulturerbe** erklärt (s. S. 108).

1 Rathaus ★★★ [D4]

Das 1615 bis 1620 von Elias Holl erbaute Rathaus gilt als bedeutendster Profanbau der Renaissance nördlich der Alpen. Höhepunkt im Inneren ist der wiederhergestellte Goldene Saal, der wie das Rathaus selbst Ausdruck des ausgeprägten Selbstbewusstseins der Bürger der freien Reichsstadt war.

Der Bau mit seinen beiden mächtigen Türmen ist beeindruckend, wobei die Ausmaße eigentlich von der Rückseite, vom tiefer liegenden Elias-Holl-Platz betrachtet, noch stärker zum Tragen kommen. Wie viel Erstaunen mag das Gebäude erst zur Erbauungszeit hervorgerufen haben: Solch einen Bau hatte man nördlich der Alpen noch nicht gesehen! Stadtbaumeister Elias Holl (s. S. 99) – an ihn erinnert eine Stele auf dem nach ihm benannten Platz – hatte italienische Architektur vor Ort studiert und seine Kenntnisse beim Bau des Augsburger Rathauses zwischen 1615 und 1620 eingebracht.

Das beeindruckende Ergebnis, seine Größe und Pracht waren Ausdruck des Stolzes der ehemals freien Reichsstadt Augsburg. Das Giebelfeld der **Fassade** im Mittelteil schmückt der Doppeladler, während das Stadtsymbol, eine Zirbelnuss aus Erz, über dem Giebel thront. Die Front ist symmetrisch: Der aufstrebende Mittelteil

074ab Abb.: mb

mit Giebel wird von zwei schmäleren Flügeln mit Zwiebeltürmen gerahmt. Über dem Hauptportal prangt das Stadtwappen mit grüner Zirbelnuss auf rot-weißem Grund.

In der Bombennacht vom 25. auf den 26. Februar 1944 wurde das Rathaus bis auf die Außenmauern zerstört und erst 1962 wieder eingeweiht. Beim Goldenen Saal dauerte es sogar bis 1996, ehe dieser komplett wiederhergestellt war, wobei die Öffentlichkeit erstmals zur 2000-Jahrfeier im Jahr 1985 Gelegenheit hatte, die Pracht zu bewundern.

Heute betritt man den Bau durch das rechte Seitenportal. Links geht es in den sogenannten **Unteren Fletz.** Hier finden gelegentlich Ausstellungen statt und im „Tastraum" können Sehbehinderte – aber nicht nur sie – die historische Stadtentwicklung im Schnelldurchlauf mitnehmen. Im **Oberen Fletz** im 2. OG erreicht man dann den sich über drei Stockwerke erstreckenden **Goldenen Saal** (auch per Aufzug). Mit 14 m Höhe und 550 m² Fläche gilt der 1624 vollendete Raum als einer der festlichsten Säle Deutschlands. Für die Innenausstattung war Johann Matthias Kager (1575–1634) zuständig, der den venezianischen Dogenpalast als Vorbild benutzte. Neben den kunstvoll geschnitzten Portalen und der Wandmalerei mit Darstellungen von jeweils acht christlichen und heidnischen Kaisern ist vor allem die vergoldete Kassettendecke aus Nussbaum ein Hingucker. Das Bildprogramm dort besteht aus mehreren Medaillons um die zentrale Szene mit dem „Triumphzug der Sapientia".

Vier repräsentative „Fürstenzimmer" grenzen an den Saal an. Im

Sehenswerter Prachtbau: das Rathaus von Elias Holl

Zweiten Weltkrieg zerstört, wurde das Nordwest-Zimmer in den Originalzustand zurückversetzt und ist zu besonderen Anlässen geöffnet. Im Südost-Zimmer ist heute eine Ausstellung zur Stadt und ihren Partnerstädten zu sehen.

Vor der Westfront des Gebäudes breitet sich heute der **Rathausplatz** aus – das war jedoch nicht immer so: Bis zu den Zerstörungen im Krieg war die Fläche großteils bebaut, u. a. mit der alten Börse. 1960 sollte auf dem Platz ein Stadtsparkassen-Neubau entstehen und die Bank hatte schon zwei Drittel des Areals gekauft. Massive Proteste der Bevölkerung verhinderten jedoch den Bau und so konnte der Platz gerettet werden. Er wird heute für Veranstaltungen, Feiern oder den Christkindlesmarkt genutzt.

Zentraler Punkt und Treff auf dem Platz ist der **Augustusbrunnen** (s. rechts) mit der Bronzefigur des Stadtgründers. Einst stand auf dem einstigen Fischmarkt zwischen Rathaus und Perlachturm ein weiterer Brunnen: der **Neptunbrunnen.** 1537 aufgestellt, gilt er als ältester Brunnen der Stadt, wurde jedoch 1888 aus Platzgründen auf den Jakobsplatz (nahe der Fuggerei 29) versetzt.

An der Nordseite des Rathauses steht ein weiterer Holl-Bau, der sogenannte **Neue Bau** von 1614. Das Geschäftshaus (Eckerle Moden) erinnert an einen italienischen Palazzo und wurde nach Zerstörung im Zweiten Weltkrieg wieder aufgebaut.

› **Goldener Saal,** tgl. 10–18 Uhr, 2,50 €, Rathausfoyer frei zugänglich, von dort Aufzug nach oben. Vor dem Rathausportal starten einige Touren (s. S. 124).

Der Goldene Saal im Rathaus trägt seinen Namen zu Recht

032ab Abb.: mb

Augsburger Prachtbrunnen

Zu Beginn des 17. Jh. entstanden an der zentralen Maximilianstraße drei Prachtbrunnen: Augustus-, Merkur- und Herkulesbrunnen. Sie sollten Augsburgs römisch-antike Herkunft feiern. Nicht nur Elias Holls Bauten machen Augsburg zur Renaissance-Metropole, auch die Trias der zur 1600-Jahrfeier angefertigten Brunnen stellen Glanzlichter der Bildhauerkunst dieser Stilepoche dar. Wie ernst die Stadt das ehrgeizige Bauprogramm einst nahm, zeigt die Tatsache, dass für zwei Brunnen der damals bereits berühmte niederländische Künstler **Adriaen de Vries** gewonnen werden konnte. Eher spießbürgerlich verhielten sich Stadt und Bürger dann später, als nach heftigen Protesten konservativer Kreise die im Jahr 2000 geplante Erweiterung der Brunnentrias um einen modernen Aphroditebrunnen (von Markus Lüpertz) vor St. Ulrich 7 scheiterte.

Die drei prächtig verzierten **Renaissance-Brunnen** aus Bronze entlang der Maxstraße symbolisieren die drei Stände der Reichsstadt: Herren-, Kaufmanns- und Handwerkerstand. Als erster Brunnen wurde 1588 bis 1594 der **Augustusbrunnen** geschaffen und zu Ehren des Stadtgründers nach Entwürfen des Niederländers Hubert Gerhard von Stadtgießer Peter Wagner angefertigt und vor dem Rathaus 1 aufgestellt. Die vier Brunnenfiguren am Sockel sind Sinnbilder des Wassers und stellen die vier Flüsse dar: den Lech mit dem Ruder, die Wertach mit dem Zahnrad, die Singold mit dem Füllhorn und den Brunnenbach mit dem Fischernetz. Dazu gesellen sich Allegorien von Überfluss und Reichtum sowie vier Putten auf Löwen, die mit Fischen spielen.

Die anderen beiden Brunnen basieren auf Entwürfen und Modellen von Adriaen de Vries, der sie zusammen mit dem Stadtgießer **Wolfgang Neidhardt** zwischen 1596 und 1602 gestaltete. Beim **Merkurbrunnen** am Moritzplatz (1596–1599) steht Merkur als Gott des Handels für die Rolle der Stadt als Handelsmetropole. Der **Herkulesbrunnen** am ehemaligen Weinmarkt, heute direkt vor dem Schaezlerpalais 6, entstand 1597 bis 1602 und symbolisiert das Handwerk.

Heute stehen die Brunnenfiguren im Viermetzhof des Maximilianmuseums 3 unter einem Dach (frei zugänglich), auf den Brunnen stehen Kopien. Auf dem Martin-Luther-Platz befindet sich außerdem der **Goldschmiedebrunnen,** 1912 von der jüdischen Bankierswitwe Sabine Bühler gestiftet.

★1 [D4] **Augustusbrunnen**
★2 [D4] **Goldschmiedebrunnen**
★3 [D5] **Herkulesbrunnen**
★4 [D4] **Merkurbrunnen**

033ab Abb.: mb

2 Perlachturm ★★ [D4]

Direkt rechts neben dem Rathaus (nördlich) ragt der Perlachturm, mit seinen 70 m nach dem Hotelturm (s. S. 49) und den Türmen von St. Ulrich & Afra 7 einer der höchsten Bauten der Stadt, in den Himmel. Er ist wie das Rathaus nicht aus dem Stadtbild wegzudenken. Ist das Wetter gut und die Sicht klar, sollte man – sobald wieder zugänglich – unbedingt die **258 Stufen** hinaufsteigen (kein Aufzug!), denn von oben reicht die Sicht bei klaren Verhältnissen bis zu den Alpen.

Augsburger Kinder verbinden den Turm in erster Linie mit dem **„Turamichele“** am 29. September (Michaeli-Tag). Dann erscheint in einem geschmückten Fensterbogen im unteren Teil des Perlachturms die Figur des Erzengels Michaels, der im Takt der Turmuhr und zur Freude der Kinder auf den Teufel einsticht. Dabei singen die Kinder das „Turamichele-Lied“: „'S Duramichele, 's Duramichele, des gibt dem Deifele viele Stichele ...“. Die mechanische Figurengruppe war 1526 erbaut worden, musste jedoch nach dem Krieg 1949 ersetzt werden. „Turamichele“ ist ein typisches Augsburger Dialektwort, bestehend aus „Tura“ für Turm und „Michele“ für Michael.

Auch wenn der Turmunterbau bis zurück ins Jahr 1060 datiert und 1410 auf 36 m und 1527 auf 63 m erhöht wurde, sorgte Stadtbaumeister Elias Holl für das heutige Aussehen des einstigen Wachturms. Außer für den Rathausbau war er nämlich zwischen 1614 und 1616 auch für den Umbau und die Erhöhung des Turms auf 70,4 m verantwortlich. Außerdem veranlasste er die Zufügung einer laternenartigen Bekrönung mit vergoldeter Wetterfahne in Gestalt der heidnischen Stadtgöttin Cisa. 1985 wurde zur 2000-Jahr-Feier der Stadt ein **Glockenspiel** eingebaut, das normalerweise mehrmals täglich Mozartstücke oder Volksweisen spielt (während der Sanierung allerdings nicht).

Direkt an den Turm angebaut ist die Stiftskirche **St. Peter am Perlach** von 1182. Die romanische Hallenkirche gilt als einer der ältesten Ziegelbauten Süddeutschlands. Im 18. Jh. barockisiert, wurde die Kirche nach Kriegszerstörungen 1954 im romanischen Stil wiederaufgebaut. Im Inneren stellt das ungewöhnliche Gnadenbild „Maria Knotenlöserin“ ein beliebtes Wallfahrtsziel dar.

Das Wort „Perlach“ soll sich übrigens von „per“ (Bär) und „lacyh“ (Spiel/Tanz), also von „Tanzbärenplatz“ ableiten. In der Tat stand einst hier am früheren Fischmarkt ein Bärenzwinger zur Belustigung der Leute. Im Sommer 2020 wurde hier das Klimacamp (https://klimacamp-augsburg.de) eingerichtet.

› **Perlachturm, wegen Sanierung und Finanzierungsproblemen auf unbestimmte Zeit geschlossen**

› **Turamichele** (s. S. 90), 29.9., stdl. 10–18 Uhr, weitere Veranstaltungen im Umfeld siehe Tagespresse

3 Maximilianmuseum ★★★ [D4]

Mitten in der Stadt, am Fuggerplatz zwischen Rathaus und Kö, ist in zwei Bürgerpalästen der Renaissance, die durch einen glasüberdachten Innenhof verbunden sind, das Maximilianmuseum untergebracht. Es gibt einen informativen Überblick über Augsburgs einst führende Rolle in Kunst und Kunsthandwerk.

Das **Fuggerdenkmal** auf dem **Fuggerplatz** vor dem Museum scheint auf den ersten Blick gut hierher zu passen, doch ist ausgerechnet Johann (Hans) Jakob Fugger (1516–1575) dargestellt. Er hatte mit seinem Vetter Marcus das Unternehmen geerbt, doch in seine Zeit fiel der Staatsbankrott von Kaiser Karl V. Der Kunstfreund Hans Jakob überließ frustriert das Geschäft seinem Vetter, der es wieder flott machte, und arbeitete selbst fortan für den bayerischen Herzog. Diesem überließ er später seine Bibliothek, die zum Grundstock der Bayerischen Staatsbibliothek wurde. Aus diesem Grund ließ König Ludwig I. 1857 ihm ein Denkmal errichten – ausgerechnet vor dem Stadthaus der Welser, den alten Rivalen der Fugger ...

Immerhin befindet sich das 1855 eröffnete **Maximilianmuseum** teilweise in eben diesem einstigen Wohnhaus von Bartholomäus V. Welser. Das Stammhaus der **Kunstsammlungen und Museen Augsburg** wurde 2007 mit dem Bayerischen Museumspreis ausgezeichnet. Kunstwerke aus der Stadtgeschichte, Beispiele der genialen Gold- und Silberschmiedekunst sowie anderes Kunsthandwerk, dazu Skulpturen, historische Bauentwürfe wie Holls Rathaus-Pläne und ein Stadtmodell im Foyer (Augsburg um 1560) sind auf den verschiedenen Ebenen der beiden Stadtpaläste aus dem 16. Jh. verteilt. Der mit Glas überdachte Viermetzhof verbindet die beiden Gebäude und hier sind auch die Originalfiguren der Prachtbrunnen (s. S. 17) zu bestaunen.

› Fuggerplatz 1, http://kunstsammlungen-museen.augsburg.de/maximilianmuseum, Di.–So. 10–17 Uhr, 7 € (So. freier Eintritt, Hof frei zugänglich), mit Shop und Café sowie einem sehenswerten Stadtmodell

034ab Abb.: mb

4 St. Moritz ★★ [D5]

Der Moritzplatz ist nach der gleichnamigen Kirche benannt, die im 11. Jh. gegründet wurde. Damit ist sie eine **der ältesten der Stadt.**

Der Kern des heutigen Baus stammt aus dem 16. Jh., von 1714 bis 1715 wurde die Kirche von J. J. Herkommer im Barockstil umgestaltet. Davon blieb jedoch nach der Bombennacht vom Februar 1944 nichts erhalten und obwohl die Kirche von Dominikus Böhm nach dem Zweiten Weltkrieg wiederaufgebaut wurde, dauerte die vollständige Wiederherstellung bis 2013.

⌃ *Im Hof des Maximilianmuseums stehen die Originalskulpturen der Prachtbrunnen (s. S. 17)*

Nach der **Neugestaltung** durch den Londoner Stararchitekten John Pawson begeistert St. Moritz die Besucher heute mit seinem klaren und lichtdurchfluteten Raum, der von hellen, schlichten Materialien (Kalkstein, Onyx für die Fenster) geprägt ist und dadurch eine tiefe Ruhe ausstrahlt. Besonders beeindruckend ist die Altarfigur des **Christus Salvator** (1634) von Georg Petel, die auf den Besucher zuzuschreiten scheint. An den Seitenwänden stehen **acht Apostelfiguren**, Reste eines ursprünglich 14 Figuren umfassenden Zyklus von 1690. In der Marienkapelle im südlichen Seitenschiff befindet sich in einem modernen Schrein eine **Silbermadonna** von 1490. Besonders schön ist auch die Taufkapelle links des Eingangs.

› Moritzplatz 5, www.moritzkirche.de, mit Begegnungsstätte „moritzpunkt"

⊡ *Das bunte Weberhaus blickt auf eine bewegte Geschichte zurück*

⊡ *Bummelmeile Maximilianstraße*

5 Maximilianstraße ★★ [D5]

Schon immer war die **„Maxstraße"** die Lebensader der Stadt und hier reihen sich die Paläste der reichen Handels- und Bankiersfamilien auf. Zu Zeiten der Freien Reichsstadt galt sie als schönste Straße Deutschlands. Der Name erinnert dabei nicht an Kaiser Maximilian, sondern vielmehr an den ersten bayerischen König, Max I., nach dem die Prachtallee zwischen Rathaus 1 und St. Ulrich und Afra 7 1809 offiziell benannt wurde. Neben den Fuggerhäusern, dem Schaezlerpalais 6 oder dem **Reichsstädtischen Kaufhaus** von Elias Holl (1611, Ecke Maxstr./Heilig-Grab-Gasse) befinden sich hier auch das historische Hotel Maximilian's (s. S. 125) und die Prachtbrunnen.

Auf dem Weg vom Rathaus südwärts fällt zunächst das bunt bemalte **Weberhaus** am Moritzplatz ins Auge. 1389 von der Weberzunft als Amts- und Handelshaus ins Leben gerufen und 1605–1607 bemalt, hat es eine wechselhafte Geschichte hinter sich: 1915 wurde es durch einen Neubau ersetzt und 1959 nach Kriegsschä-

151ab Abb.: mb

036ab Abb.: mb

den wiederaufgebaut und „modern“ bemalt.

Die zentralen Gebäude an der oberen Maxstraße, die hier probeweise zur Fußgängerzone mit Sitzarealen umgestaltet wurde, sind die **Fuggerhäuser** (Maxstr. 36/38). Sie bilden einen 68 m langen Baukomplex und entstanden zwischen 1512 und 1515 als Palast für Jakob Fugger. Hier waren unter anderem die Kaiser Maximilian I. und Karl V., aber auch Künstler wie Tizian und Dürer zu Gast. 1518 fand hier der dreitägige Disput zwischen dem päpstlichen Legaten Cajetan und Martin Luther statt. Ein Kuriosum ist der „Ottifant“ am Haus Nummer 38, rechts des Portals.

Außen vergleichsweise bescheiden, verbergen sich im Inneren vier Innenhöfe, darunter als sehenswertester der **Damenhof**. Er entstand, von Arkaden gerahmt, 1515 als erster Renaissance-Hof nördlich der Alpen und ist im Sommer bewirtschaftet (s. S. 75). Hinein gelangt man durch den neben der Buchhandlung Rieger & Kranzfelder (s. S. 83) gelegenen, schlichteren **Zofenhof**. Dieser führt weiter in den **Reiterhof** mit den sog. **Badstuben**, die mit Wandmalereien und Büsten römischer Kaiser und antiker Dichter aufwendig gestaltet sind. Der Reiterhof verfügt wiederum über einen Durchgang zum Zeugplatz mit dem Zeughaus ❽. In dem Gebäudekomplex residiert neben der Verwaltung des Fuggerunternehmens auch die Fürst Fugger Privatbank. Durch deren mit einem Doppeladler bemaltes mächtiges Hauptportal gelangt man zu Schalterzeiten in den vierten Innenhof, den **Serenadenhof**.

Damit jedoch nicht genug der Renaissance-Innenhöfe an der Maxstraße: Auch im Schaezlerpalais ❻, im **Eserhaus** (Nr. 81), im **Gossner-Haus** (Nr. 65) oder **Höhmannhaus** (Nr. 79) finden sich Höfe. Direkt an den Fuggerpalast schließt das **Hotel Maximilian's** (s. S. 125) an.

› **Führungen durch die Badstuben:** www.augsburg-tourismus.de/de/fuehrungen/themenfuehrungen/die-badstuben-in-den-fuggerhaeusern

❻ Schaezlerpalais ★★★ [D5]

Das Schaezlerpalais aus dem 18. Jh. mit seiner Gartenanlage ist nicht nur das bedeutendste Stadtpalais der Stadt, es beherbergt heute auch ein überaus sehenswertes Museum: die Deutsche Barockgalerie. Sie zählt zu den wichtigsten und umfangreichsten Gemäldesammlungen dieser Epoche in Europa.

Das Palais des Bankiers Liebert von Liebenhofen entstand in prominenter Lage an der Maximilianstraße. Nach Plänen des Münchner Hofbaumeisters von Lespilliez von 1765 bis 1770 errichtet, gilt es als Musterbeispiel für die Rokoko-Baukunst in Augsburg. In Anwesenheit von Marie Antoinette, die auf dem Weg zu ihrer Hochzeit mit Ludwig XVI. war, wurde der Bau am 28. April 1770 mit einem pompösen Ball eingeweiht. Baron Johann Lorenz

Schaezler, Lieberts Schwiegersohn, erwarb das Palais 1821.

Bis 1958 in Familienbesitz, ging das **Schaezlerpalais** dann als Schenkung in städtischen Besitz über, mit der Auflage, dass es kulturell genutzt werden sollte. Seit 1951 hatten die städtischen Kunstsammlungen dort schon ausgestellt, aber teils nur angemietet und in kleinem Umfang. Nach aufwendiger Restaurierung wurde es 2006 als Teil der Städtischen Museen und Kunstsammlungen, die hier die Deutsche Barockgalerie, die Staatsgalerie Altdeutscher Meister und die Grafische Sammlung einrichteten, eröffnet. Prunkstück des Baus ist der 23 m lange, zwei Stockwerke hohe **Rokoko-Festsaal** mit aufwendigen Stuckaturen der Gebrüder Feichtmayr, Spiegeln und einem Deckengemälde von Gregorio Guglielmi von 1767. „Merkur und der Welthandel“ heißt hier das Thema, während er im Treppenhaus „Die sieben freien Künste“ darstellte.

Die **Deutsche Barockgalerie** gibt einen Überblick über die süddeutsche Malerei des Barock und Rokoko zwischen dem 16. und 18. Jh., u. a. mit wegweisenden Werken von Johann Rottenhammer (1564–1625), Joachim v. Sandrart (1606–1688), Johann Baptist Zimmermann (1680–1758), Anton Raphael Mengs (1728–1779), Johann Georg Bergmüller (1688–1762) oder Matthäus Günther (1705–1788). Teil des Museums ist überdies die Stiftung Haberstock mit Gemälden von Rembrandt, van Dyck, Veronese, Cranach d. Ä. oder Tiepolo.

Vom Festsaal, der zu Veranstaltungen und Konzerten genutzt wird, gelangt man direkt in die renovierte ehemalige **Katharinenkirche.** Sie gehörte zum anschließenden Dominikanerinnenkloster (heute Teil des Holbein-Gymnasiums). Hier und in den verbindenden Räumen ist die **Staatsgalerie Altdeutscher Meister** mit bedeutenden Werken lokaler Künstler des 15. und 16. Jh. untergebracht. Unter anderem macht man ausgiebig Bekanntschaft mit Hans Holbein d. Ä., Dürer oder Cranach d. Ä.

Im **Rokoko-Garten** an der Palais-Südseite (frei zugänglich) bietet sich Gelegenheit zum Ausruhen, ehe man noch einen Blick in die **Neue Galerie im Höhmannhaus** (s. S. 64) neben dem Schaezlerpalais wirft. Hier finden vor allem Sonderausstellungen (freier Eintritt) ergänzend zu denen im

027ab Abb.: mb

Schaezlerpalais oder zu zeitgenössischer Kunst statt.

› Maximilianstr. 46 1, http://kunstsammlungen-museen.augsburg.de/schaezlerpalais, Museumsshop, Di.–So. 10–17, 7 € (So. freier Eintritt), Café und frei zugängliche WC-Anlage im Hof

7 St.-Ulrich-Kirche/ St. Ulrich und Afra ★★ [D6]

An ihrem südlichen Ende weitet sich die Maximilianstraße zum **Ulrichsplatz.** Hier bilden zwei Kirchen – die kleine, evangelische **St. Ulrich-Kirche** und die mächtige, katholische Stadtpfarrkirche **St. Ulrich und Afra** – ein Ensemble. Wie die beiden Heiligkreuzkirchen 20 verdeutlichen auch sie weithin sichtbar das paritätische Nebeneinander der Konfessionen.

St. Ulrich und Afra gilt als eine der ältesten christlichen Stätten nördlich der Alpen. Die Wallfahrt zum Grab der heiligen Afra ist schon im 6. Jh. bezeugt. Bis heute ist die Kirche ein wichtiger Pilgerort. Außer der hl. Afra sind auch die beiden anderen Stadtheiligen, die Bischöfe Ulrich und Simpert, hier begraben. Der Bau war um 1500 über mehreren Vorgängerbauten fertiggestellt worden, der Chor folgte erst 1603. 1594 wurde der Turm vollendet, ein schlanker Zwiebelturm, mit fast 94 m der höchste Kirchturm der Stadt. Ursprünglich war ein Turmpaar vorgesehen.

Ein kunstvoll geschmiedetes, 1712 aufgestelltes Gitter trennt den Zugangsbereich im Westen vom **Innenraum** der dreischiffigen Basilika. Die drei mächtigen Altäre im Chor wurden 1607 geweiht, Themen sind Weihnachten (Mitte), Ostern (rechts) und Pfingsten (links). Geschaffen hat sie der Bildhauer Johann Sebastian Degler (1670–1730). Zwischen Chor und Langhaus befindet sich die 1605 geschaffene, bronzene Kreuzigungsgruppe (Hans Reichle). In der Bartholomäuskapelle an der Nordostecke errichtete sich Philipp Eduard Fugger um 1600 eine Grablege, weitere Gruften der Fugger liegen unter dem südlichen Seitenschiff. In der Unterkirche – in den 1960er-Jahren neu gestaltet – befinden sich die Grabkapellen des heiligen Ulrich und der heiligen Afra. An den dritten Heiligen erinnert im südlichen Seitenschiff die Simpertkapelle.

Das ursprüngliche Predigerhaus vor der Basilika wurde 1648 in die evangelische **Ulrich-Kirche** umfunktioniert. Das erklärt auch die eher ungewöhn-

038ab Abb.: mb

Der Rokoko-Festsaal im Schaezlerpalais 6

Blick auf die katholische Basilika St. Ulrich und Afra

liche Ausrichtung zum Ulrichsplatz hin – mit dem Altar im Süden – und gewisse Asymmetrien im Inneren. Sehenswert im schlichten Kirchenraum ist eine elegante barocke Stuckdecke aus dem frühen 18. Jh., ein Novum für protestantische Kirchen. Die zahlreichen Gemälde entlang der einseitig angebrachten Empore stammen überwiegend aus dem 17. Jh.

- **St. Ulrich und Afra,** Ulrichsplatz 19, https://ulrich-afra-anton.de, von der Morgen- bis nach der Abendmesse geöffnet, auch Kirchenmusik. **Bis Ende 2023 Sanierung von Langhaus und Turm.**
- **Evangelische St.-Ulrich-Kirche,** Ulrichsplatz 11, https://evangelisch-stulrich.de (Infos zu Veranstaltungen und Führungen), im Sommer tgl. geöffnet (Zeiten variabel, meist 10–17 Uhr)

8 Zeughaus ★ [D5]

Mit dem Zeughaus, einst Waffenarsenal der Stadtwache und zugleich Feuerwache, machte sich zwischen 1602 bis 1607 Stadtbaumeister Elias Holl erstmals einen Namen. Heute wird das Gebäude vor allem als **Bildungszentrum** genutzt. In der **Toskanischen Säulenhalle** im Erdgeschoss fanden bisher Ausstellungen wie die Große Schwäbische Kunstausstellung (s. S. 90) statt. 2012 ist das „Römerlager" – ein als Provisorium konzipiertes Römermuseum – hier eingezogen (s. u.).

Markenzeichen des Zeughauses ist die **barocke Ostfassade** (entworfen von Joseph Heintz) mit der sehenswerten Bronzegruppe des Erz-

Römische Funde ohne richtige Heimat

In der Dominikanerkirche **St. Magdalena,** Teil eines 1513 bis 1515 eingerichteten Klosters und im frühen 18. Jh. im Barockstil gestaltet, befand sich zwischen 1966 und 2012 die Sammlung des **Römischen Museums.** Es handelt sich dabei um eine der bedeutendsten Sammlungen antiker Steindenkmäler in Süddeutschland. Zu den Fundstücken gehören Grab- und Weihreliefs, Pfeilergrabmäler, Münzen, Keramik (Terra sigillata), Statuetten, Bronzeobjekte, Haushaltsgegenstände und auch ein Pferdekopf aus Bronze, der einst vergoldet und Teil eines Reiterstandbildes war (das Original befindet sich in München).

Seit die Kirche 2012 wegen **statischer Mängel** geschlossen wurde, ist das Museum heimatlos. Zwar wurde in der Toskanischen Säulenhalle im Zeughaus 8 eine Dauerausstellung mit dem Titel „Römerlager. Das römische Augsburg in Kisten" eingerichtet, wo **ausgewählte römische Fundstücke** zu sehen sind, allerdings ist das kein adäquater Ersatz für die riesigen, qualitativ hochwertigen und historisch wichtigen Bestände des Museums. Als im Oktober 2021 ein einzigartiger römischer Silbermünzschatz auf einer Baustellengrabung zutage kam, wurde die Diskussion um ein adäquates Museum neu entfacht, allerdings bis dato ohne Ergebnis. Das archäologische Zentraldepot (Zur Kammgarnspinnerei 9, derzeit nur zu Sonderführungen und bei Veranstaltungen zugänglich) hat neben dem Stadtarchiv im Textilviertel eine feste Bleibe gefunden.

- **Römerlager im Zeughaus,** Toskanische Säulenhalle im Zeughaus 8, Di.–So. 10–17 Uhr, 3 €, https://kunstsammlungen-museen.augsburg.de/roemisches-museum, https://kunstsammlungen-museen.augsburg.de/projekte (zu Grabungen bzw. Funden)

engel Michael, der Luzifer aus dem Himmel wirft (Hans Reichle). Ein Kuriosum ist die Darstellung einer bärtigen Schildkröte oben am hölzernen Zugangsportal. Der Hof wird vom Restaurant **Zeughausstuben** (s. S. 69) als Biergarten genutzt und im Advent findet hier ein malerischer Christkindlesmarkt, die sogenannte Weihnachtsinsel (https://weihnachtsinsel.de) – ein Kunsthandwerksmarkt mit Veranstaltungszelt – statt.

› Zeugplatz 4, mit Restaurant und Kulturorganisationen

9 Königsplatz und Fußgängerzone ★ [C5]

Die Entstehung des **Königsplatzes** hing mit der wachsenden Bedeutung des 1843 eröffneten Hauptbahnhofs zusammen, der ursprünglich westlich der ummauerten Stadt lag. In den 1860er-Jahren wurde deshalb die westliche Stadtmauer mit dem Gögginger Tor abgetragen und eine breite Allee vom Stadttheater südwärts (heute Fuggerstr. und Konrad-Adenauer-Allee) entstand. Dort, wo die Bahnhofstraße auf diese Allee traf, entstand 1869 der begrünte Königsplatz.

1881 wurde die erste Straßenbahnhaltestelle eingerichtet. Seither dient der **„Kö"** als Nahverkehrsknotenpunkt. Lange Zeit war er aufgrund des dichten Baumbestands eher dunkel und auch sonst nicht sonderlich attraktiv, bis er Anfang der 2010er-Jahre neu gestaltet und den Gegebenheiten des modernen Nahverkehrs angepasst wurde.

Im Zentrum der parkartigen Anlage steht ein architektonisch auffälliger **dreieckiger Pavillon**, der abends blau beleuchtet wird, mit Infopunkt, Imbiss und Café. Der **Kö-Park** mit altem Baumbestand ist Heimat einer Fledermaus- und Saatkrähenkolonie. Östlich des Parks, am Anfang der Fußgängerzone, hat der 1985 geschaffene **Manzù-Brunnen** (benannt nach dem römischen Bildhauer Giacomo Manzù), eine über 2 m hohe Bronzefigur, die auch „Kammerfräulein" genannt wird, einen Platz gefunden. Zudem wurde die Fuggerstraße bis Höhe Kennedyplatz verkehrsberuhigt gestaltet.

Schon im 19. Jh. sind um den „Kö" prächtige Bürgerhäuser und große Kaufhäuser entstanden, darunter das **Riegele-Haus** und der gegenüberliegende **Königsbau** (einst Zentral-Kaufhaus). Zudem beginnt hier die **Fußgängerzone**, einerseits mit der **Bürgermeister-Fischer-Straße**, an der in Richtung Moritzplatz als einziges verbliebenes Kaufhaus noch die Galeria zu finden ist, andererseits mit der Hauptachse **Annastraße** Richtung Grottenau/Rathaus, überwiegend mit Läden von Filialisten.

10 St. Anna ★★ [C4]

An der als Fußgängerzone ausgewiesenen **Annastraße** entstand 1321 gegenüber der Rückfront des Maximilianmuseums 3 ein Karmelitenkloster mit der Kirche **St. Anna.** Der heutige Baukomplex geht auf einen Umbau zwischen 1487 und 1497 zurück. Den Turm fügte 1602 Stadtbaumeister Elias Holl hinzu.

1509 ließ Jakob Fugger für sich und seine Brüder in der Kirche die **Fuggerkapelle** errichten. Die prächtig ausgestattete Familiengrablege stammt von Albrecht Dürer und Sebastian Loscher und gilt als erster Renaissance-Raum in Deutschland. Wie die Kapelle ist auch der Rokoko-Innenraum der Kirche von 1748 renoviert worden. Sehenswert sind die Stuckaturen der Feichtmayr-Brüder oder das Deckenfresko von J.G. Bergmüller. Die angeschlossene prächtige Goldschmiedekapelle weist Reste von Wandbildern aus der Entstehungszeit im späten 15. Jh. auf, in der Heiliggrabkapelle von 1598 fällt der Kreuzgang mit seinen Patriziergräbern ins Auge.

Die kunsthistorische Bedeutung ist nur ein Grund, St. Anna zu besuchen, sie gilt darüber hinaus als **Wiege der Reformation.** Martin Luther hielt sich gleich zweimal – 1511 bei der Rückkehr von einer Pilgerreise nach Rom und 1518, als er von Kardinal Cajetan verhört wurde – hier auf. Luther fand zahlreiche Anhänger in der Stadt und 1525 wurde **St. Anna** die erste protestantische Kirche Augsburgs (mit dem Grabmal der katholischen Fugger!). Über die Rolle der Stadt während der Reformation, Martin Luther und die Entstehung des Protestantismus informiert das multimediale **Martin-Luther-Museum**, das man über die **Lutherstiege** (ab Kreuzgang) – die angeblich auch Martin Luther zu seinen Räumlichkeiten gegangen sein soll – erreicht.

039ab Abb.: mb

St. Anna spielte ein weiteres Mal in der Kirchengeschichte eine wichtige Rolle: 1731/32 half Pastor Samuel Ursperger (1685–1772) Tausenden **Salzburger Exilanten**, die aus ihrer Heimat vertrieben worden waren. Er sammelte für sie, sorgte für Unterkünfte und verhalf ihnen zu einer neuen Heimat in Ostpreußen und Hannover. Einige Flüchtlinge vermittelte er nach Nordamerika, wo 1734 eine Siedlung in der britischen Kolonie Georgia gegründet wurde. Dieser Ort hieß **Ebenezer** und lag nahe der Hafenstadt Savannah, wurde jedoch 1855 aufgegeben.

Südwestlich der Kirche entstand nach Plänen von Elias Holl 1615 der Neubau des 1531 gegründeten protestantischen **Anna-Gymnasiums.** Heute befindet sich hier das **Evangelische Forum Annahof.** Der Holl-Bau bildet mit dem 1967 erbauten **Augustanahaus** (mit besonders zum Frühstück empfehlenswertem **ANNA Café**, s. S. 71) und einer Bühne, die zu Festivals wie Water & Sound (s. S. 88) genutzt wird, ein unregelmäßiges Viereck, den Annahof. Nach Westen zu schließen die repräsentativen Bauten von **Amtsgericht** (Fuggerstr. 10) bzw. **altem Stadtarchiv** (Nr. 12) an, daneben geht es hinein in den Stadtmarkt.

› Annastr., www.st-anna-augsburg.de, Mo. 12–18, Di.–Sa. 10–18, So. 14–17 (Gottesdienste 10/11.30 Uhr), Eintritt frei, kostenlose Führungen tgl. 15 Uhr, zudem Konzerte und Weihnachtsmarkt

Blick von der Empore mit dem Martin-Luther-Museum in die Kirche St. Anna ⑩

⑪ Stadtmarkt ★★ [C4]

Ein Bummel über den Stadtmarkt kommt einer kulinarischen Reise durch die Region und die Welt gleich.

Das **über 10.000 m² große Marktareal** mit seinen heute **über 80 Händlern** wurde 1930 auf dem Gelände einer ehemaligen Tabakfabrik eröffnet. Neben einer Fleisch- und Viktualienhalle (mit Imbissgelegenheiten) gibt es eine „Bäckergasse", eine Obst- und Gemüsezeile, eine Fisch- und Wildgasse, Blumen-, Pflanzen- und Samenverkäufer sowie Anbieter von Feinkost und Accessoires. Schön sitzt man auf dem Brunnenplatz, gut isst man in der Marktgaststätte. Dazu findet v. a. freitags und samstags (7–14 Uhr) ein großer Bauernmarkt auf der westlichen Freifläche statt. An der dortigen Hauswand befindet sich nicht nur eine Uhr, sondern auch ein metallener Gockl (Hahn), der immer mittags gegen 12 Uhr kräht und flattert.

Direkt hinter dem nördlichen Marktzugang am Ernst-Reuter-Platz steht die **Stadtbücherei.** 1920 ist die städtische Leihbücherei als Abteilung der 1537 gegründeten Stadt- und Staatsbibliothek entstanden, die sich an der Schaezlerstraße [B3–C5] in einem prächtigen Bau des späten 19. Jahrhunderts befindet. Das Gebäude der Architekten Schrammel (Augsburg) von 2009 ist großzügig proportioniert, in einem freundlichen Orange gestaltet, luftig und hell und dazu umwelttechnisch wegweisend. Im angeschlossenen **Stadtcafé** gibt es günstige, wechselnde Mittagsgerichte (im Sommer auch Tische im Freien).

› Zwischen Anna- und Fuggerstr., Mo.–Fr. 7–18, Sa. bis 14 Uhr, www.augsburg.de/freizeit/feste-und-maerkte/stadtmarkt

B5 [C4] **Stadtbücherei Augsburg,** Ernst-Reuter-Platz 1, Mo.–Fr. 10–19, Sa. 10–15 Uhr, www.augsburg.de/bildung-wirtschaft/bildung/bibliotheken-und-archive/stadtbuecherei

› **Stadtcafé in der Stadtbücherei,** https://stadtcafe-augsburg.eatbu.com, Mo.–Fr. 10–19, Sa. 10–15 Uhr

⑫ Staatstheater Augsburg ★ [C4]

Blickt man von der Fuggerstraße nordwärts Richtung **Stadtheater,** fällt eine moderne **Stahlskulptur** ins Auge: Das viel diskutierte und umstrittene „Ostern" wurde von dem Künstlerehepaar Matschinsky-Denninghoff geschaffen (s. S. 65) und 1992 auf dem Kennedy-Platz aufgestellt. Es gehört vor der Theaterkulisse zu den beliebten Fotospots.

Das Theater selbst wurde nach Plänen der Wiener Architekten Ferdinand Fellner und Hermann Helmer im **Neorenaissancestil** erbaut und am 26. November 1877 mit Beethovens Oper „Fidelio" eröffnet. Es ersetzte das alte Theater am Lauterlech von 1777, das 1874 abgebrannt war. 1938/1939 kam es aufgrund einer von Adolf Hitler geplanten Stadtumgestaltung, die den Bau einer Aufmarschallee mit dem Theater als Nordabschluss vorsah, zu einem Umbau. Die Wiedereröffnung erfolgte 1939 in Anwesenheit Hitlers mit Wagners „Lohengrin".

Im Zweiten Weltkrieg zerstört, konnte 1956 mit Mozarts „Hochzeit des Figaro" ein neues Theater mit 1030 Plätzen in Betrieb genommen werden. 2016 wurde das Theater wegen brandschutztechnischer Mängel **geschlossen.** Die langwierige Renovierung soll voraussichtlich 2027 abgeschlossen sein. In der Übergangszeit spielt die 2018 zum Staatstheater erhobene Bühne u.a im **martini-Park** (s. S. 46), auf der Brechtbühne im **Gaswerk** ㊺ und im **Alten Rock Café** (s. S. 77), wo v.a. die Möglichkeiten der Sparte „Digitaltheater" ausgelotet werden sollen.

› Kennedy-Platz 1, Infos zu allen Sparten und Spielplätzen unter https://staatstheater-augsburg.de, Tel. 3244900

⑬ Naturmuseum/ Planetarium ★ [C4]

Dass Augsburgs Geschichte nicht erst mit den Römern beginnt, zeigt ein Besuch im **Naturmuseum.** Hier befasst man sich ausführlich mit der Molasse, dem Untergrund von Augsburg. Unter Molasse versteht man Ablagerungen aus der Endphase der Entstehung eines Gebirges – hier der Alpen –, die mächtige Sedimentpakete bildeten. Darin wurden zahlreiche **Fossilien** entdeckt, die im Zentrum der Ausstellung im ersten großen Ausstellungssaal stehen.

Den Fossilien werden, soweit möglich, Lebewesen heutiger Zeit gegenübergestellt. Vielfach geschieht dies in Vitrinen mit nachgebauten Lebensräumen der jeweils typischen Tierwelt. **Erdgeschichtliche** und **zoologische Abteilungen** verteilen sich auf mehrere Stockwerke. Es gibt Ausstellungen zu **Geologie, Paläontologie, Mineralogie und Biologie.** Den Kern der Sammlung bilden Bestände, die von Augsburger Naturfreunden und Mitgliedern des „Naturwissenschaftlichen Vereins für Schwaben und Neuburg" zusammengetragen wurden. Es finden auch sorgsam kuratierte Sonderausstellungen statt.

Im gleichen Bau befindet sich das **Planetarium.** Dort gibt es unter einer 10 m messenden Kuppel eine „fantastische Reise ins All" und astronomisches Wissen wird informativ und unterhaltsam präsentiert.

› **Naturmuseum der Stadt Augsburg,** Ludwigstr. 14, www.augsburg.de/kultur/museen-galerien/naturmuseum, Di.–So. 10–17 Uhr, 3,50 €, Kombiticket mit Planetarium 10 €, am 1. So. im Monat 1 €

› **Sparkassen Planetarium Augsburg,** 8,50 €, Kombiticket mit Museum 11 €, Programm siehe: www.s-planetarium.de

Das Domviertel

Das sich nördlich des Doms ausbreitende Viertel ist das eigentliche alte Zentrum der Stadt. Hier befand sich einst der Kern der römischen Metropole Augusta Vindelicum und rings um die Domburg breitete sich die nachantike mittelalterliche Stadt aus. Kirchen, die historische Stadtbefestigung und malerische Gassen laden zum Spaziergang ein, wobei Ausgangs- und Endpunkt der alles überragende Augsburger Dom ist.

14 Der Hohe Dom zu Augsburg ★★★ [D3]

Der schon im späten 8. Jh. entstandene und im Laufe der Zeiten um- und ausgebaute Dom befindet sich im ältesten Viertel der Stadt, dort wo bereits die Römer ihre Hauptstadt errichtet hatten. Er bildet das kirchliche Pendant zum bürgerlichen Rathaus, das in Sichtweite liegt. An den Dom schließen sich der Fronhof 15, die ehemalige Fürstbischöfliche Residenz sowie das Diözesanmuseum St. Afra 16 an.

Der mächtige Dom im Norden prägt zusammen mit dem Rathaus 1 im Zentrum und St. Ulrich und Afra 7 im Süden das Stadtbild. Die **Hohe Domkirche Unserer Lieben Frau**, auch bekannt als **Hohe Domkirche Mariä Heimsuchung**, ist zugleich die Kathedrale des Bistums Augsburg und Stadtpfarrkirche der **Dompfarrei Zum Heiligsten Herzen Jesu.**

Seit 1986 steht ein moderner **Brunnen** am Hohen Weg vor dem Südzugang zum Dom. Er erinnert an die drei Heiligen der Stadt – die heilige Afra und die Bischöfe Ulrich und Simpert. Links des Brunnens sind **archäologische Überreste** des spätrömischen Augsburgs zu sehen, Wohnungen und eine erste Kirche aus dem 5. Jh. Dahinter, an der sog. **Römermauer**, sind einige der wichtigsten Funde der Römerzeit in Kopien ausgestellt. Hinter der Mauer schließt sich die Grünanlage des Fronhofs an.

◁ Der Hohe Dom zu Augsburg

Vor der Südfront des Doms stehend, erhebt sich rechter Hand (am Hohen Weg) das **Dompalais**, der Sitz des Bischofs. Der Dom war ursprünglich Teil der ummauerten **Domburg**, allerdings weiß man über die Frühzeit des Baus nur wenig. Spuren eines ersten Großbaus, zwischen dem 5. und 8. Jh. entstanden, fanden sich bei Ausgrabungen in der Krypta und im Mittelschiff. Der unter Bischof Simpert Ende des 8. Jh. vollendete karolingische Bau ist durch Funde gesichert. Er stürzte 994 ein und 1065 wurde mit der Weihe des Westchor-Altars der Gemeinde eine neue romanische Pfeilerbasilika übergeben.

Das heutige **gotische Erscheinungsbild** geht auf einen weiteren großen Umbau zwischen 1331 und 1343 zurück. Er wurde jedoch erst mit der Errichtung des gotischen Ostchors (1365–1431) abgeschlossen. Die Türme wurden mehrfach umgebaut und fallen wegen ihrer spitzen Turmhelme auf. Während der Zeit des Barocks wurde der Innenraum entsprechend umgestaltet, doch schon 1852 bis 1863 ersetzte man die barocken wieder durch neugotische Stilelemente. 1934 und 1983/84 kam es zu umfangreichen Restaurierungen im Innenraum, die die einstige Pracht zurückbrachten.

Als Hauptzugang dienen zwei **Portale** – Marienpforten –, die im 14. Jh. an der Süd- und Nordseite entstanden. Das sehenswerte **Südportal** (um 1356) zeigt neben einer Madonnenstatue am Mittelpfosten Szenen aus dem Leben Marias, Propheten und Patriarchen, Apostel und Stifterfamilien sowie eindrucksvolle Szenen des Jüngsten Gerichts. Das **Nordportal** mit weiteren Marienszenen wurde 1967 durch eine Kopie ersetzt. Die stark verwitterten Originalteile von 1343 gelangten ins Diözesanmuseum 16.

Für die prächtigen **Bronzetüren** mit 35 Relieftafeln, die Szenen aus dem Alten Testament zeigen und zum romanischen Bau gehörten, errichtete man 1863 das sog. Brautportal an der Südseite. Inzwischen befinden sich die Originaltüren jedoch ebenfalls im Diözesanmuseum, 2001 ersetzt durch das moderne **Millennium-Bronze-Portal** von Max Faller.

Der Dom ist 113 m lang, 40 m breit und seine Türme sind 62 m hoch. Das Mittelschiff erreicht 18 m Höhe, der Ostchor sogar 28 m. Die **Krypta** unter dem Westchor entstand schon im 10. Jh. unter Bischof Ulrich. Sehenswert sind **Fresken** aus romanischer und gotischer Zeit im Westteil des Doms, z. B. ein 14 m hohes Bild des Christophorus (1491) im südlichen Querhaus. Die **Prophetenfenster** über den Pfeilerarkaden an der Südwand des Mittelschiffs gelten als älteste figürliche Glasmalereien Deutschlands und datieren um die Mitte des 12. Jh. Bei den Restaurierungen in den 1980er-Jahren wurde punktuell die ursprüngliche Farbgebung des Mittelalters mit weißen Wänden und rot aufgemalten Scheinmauern rekonstruiert, dazu wurden Fresken und Gewölbeschlusssteine freigelegt. 2020 kamen **bis dato unentdeckte Wandmalereien** zum Vorschein, diesmal aus der Erbauungszeit des ottonischen Doms, zurückreichend bis ins erste Jahrzehnt des 11. Jh. Der **Bilderzyklus im südlichen Querhaus** zum Leben und Sterben Johannes des Täufers gilt als ältestes Zeugnis für die Ausmalung einer Bischofskirche nördlich der Alpen.

Zu den Schätzen der Kirche – vieles ging im Bombenhagel des Zweiten Weltkriegs verloren – gehören auch vier **Tafelbilder von Hans Holbein d. Ä.** (östlicher Mittelschiffpfeiler) und sehenswert sind zudem die sieben **Chorkapellen** mit kunstvoll geschmiedeten Eisengittern, Altarbildern, Glasmalereien und Grabmälern. Die Kreuzigungsgruppe am modernen Hochaltar stammt von 1962. Im nördlichen Seitenschiff liegt außer den Marien-, Katharinen- und Blasiuskapellen auch der Zugang zum Kapitelsaal und zum Kreuzgang. Dahinter befindet sich das Diözesanmuseum 16.

› **Hohe Domkirche Unserer Lieben Frau,** Hoher Weg, tgl. 7–18 Uhr (keine Besichtigung während Gottesdiensten), https://bistum-augsburg.de/Pfarreien/Zum-Hlgst.-Herzen-Jesu-_Augsburg-Dom/Der-Dom, auch Führungen und Konzerte der Augsburger Domsingknaben (Programm siehe https://augsburger-domsingknaben.de)

15 Fronhof ★ [C3]

Südlich und westlich des Doms breitet sich der Fronhof aus. In der **Parkanlage** steht unübersehbar das **Friedensdenkmal**, ein Reiterstandbild mit Krieger, der sein Schwert in die Scheide steckt. Es entstand 1876 in Erinnerung an den Frankreichfeldzug 1870/71 und den Friedensschluss mit der Gründung des zweiten Kaiserreichs. Am Südrand erhebt sich der **Burggrafenturm** (1505) mit einem **Doppeldenkmal** für Leopold und Wolfgang Amadeus Mozart. In der hier ver-

Mein Tipp

(Lese-)Pause im Hofgarten

Wenige Schritte von Heiligkreuzkirchen und Dom entfernt verbirgt sich hinter hohen Mauern der **Hofgarten.** Er wurde 1739–1744 als bischöflicher Park im Barockstil angelegt, bepflanzt mit seltenen Bäumen wie Tulpenbaum oder Ginkgo. 1817 ging der Hofgarten in das Eigentum des Königreichs Bayern über, seit 1963 ist die Stadt Augsburg Mieterin des Hofgartens. Sie machte ihn für die Öffentlichkeit zugänglich. Die Stadt bezahlt bis 2032 jährlich 55 € Miete für den Hofgarten, ist jedoch für den Unterhalt verantwortlich.

Am zentralen Teich sind die fünf um 1744 entstandenen Steingnome sehenswert. Sie stammen vermutlich von Johann Wolfgang Schindel, der Stiche als Vorlage benutzte. Ursprünglich handelte es sich wohl um zwölf Zwerge – kleinwüchsige Menschen, die an den europäischen Fürstenhöfen der Barockzeit zur Belustigung der adligen Gesellschaft dienten. Sie gehören zur Sammlung des Münchner Hofrats Sigmund Röhrer und waren bis 1963 im Wittelsbacher Park aufgestellt. Ähnliche Groteskfiguren gibt es im „Zwerglgarten" des Bastionsgartens in Salzburg.

2001 eröffneten die amerikanischen Künstler Michael Clegg und Martin Guttmann hier ihre Installation „Die offene Bibliothek". Nach Ende der Kunstaktion setzten die Augsburger durch, dass dauerhaft ein offener Bücherschrank aufgestellt wurde.

★6 [C3] **Hofgarten** ✿, Alte Gasse, April–Okt. tgl. 8–21 Uhr

152ab Abb.: mb

153ab Abb.: mb

⌃ Oben: die Fürstbischöfliche Residenz im Fronhof

⌄ Unten: Blick vom Hofgarten auf den Fronhof

KURZ & KNAPP

D'r Stoinerne Ma

Die **Figur** in einer Turmnische in der Stadtmauer erinnert an einen **Augsburger Bäcker,** der während einer Belagerung im Dreißigjährigen Krieg aus Sägemehl „Brote" gebacken hat und diese über die Mauer in den Graben warf. Bei den Belagerern entstand so der Eindruck, dass die Stadt noch genügend Vorräte hätte und sich eine weitere Belagerung nicht lohne. Die Figur ist eines der beliebtesten Symbole der Stadt: Das Berühren der Nase soll Glück bringen.

Das Musikertrio „D'Stoinerne Männer" machte mit Songs wie „Ja woisch" die Legende „in aller Welt" bekannt.

★7 [D2] **D'r Stoinerne Ma,** Schwedenweg 7

042ab Abb.: mb

laufenden **Peutingerstraße** befindet sich eine Reihe historischer Bauten aus dem 16. Jh., darunter das 1763 umgebaute Wohnhaus Konrad Peutingers (Nr. 11).

Der „Hof des Herrn" – „fro" ist das mittelhochdeutsche Wort für Herr – wird im Westen von der ehemaligen **Fürstbischöflichen Residenz** aus dem frühen 18. Jh. eingefasst, in der sich heute der Regierungssitz des Bezirks Schwaben befindet.

› **Konzerte im Fronhof,** www.konzerteimfronhof.de, Jazz- und Klassikkonzerte an einem Wochenende Mitte/Ende Juli

16 Diözesanmuseum St. Afra ★ [C3]

An der Nordseite des Doms steht ein moderner Glaskubus, der in das 2000 eröffnete Diözesanmuseum führt. Teile des Museums befinden sich im Neubau, Teile im historischen Kapitelsaal sowie in einer Kapelle aus dem 15. Jh. Neben der originalen Bronzetür vom Dom-Südportal, einem Meisterstück romanischer Plastik, werden auf mehreren Etagen **sakrale Kunstwerke** aus der Zeit vom 6. bis 20. Jh. gezeigt. Zudem geht es um die **Geschichte des Bistums** und immer wieder finden sehenswerte Sonderausstellungen statt.

› Kornhausgasse 3–5, www.museum-st-afra.de, Di.–Sa. 10–17, So. 12–18 Uhr, 4 € (ohne Sonderausstellung), 1. So. im Monat frei, mit kleinem Museumsshop

17 Rund um die Schwedenmauer ★★ [D2]

Kaum eine andere Großstadt in Deutschland verfügt über derart große Überreste einer Stadtbefestigung wie Augsburg – Wehrmauern, Bastionen, Türme und Tore. Zu den sehenswerten Teilen gehört das Areal um das Rote Tor 28, zwischen Jakobertor (s. S. 43), Fünffingerlesturm (s. S. 44) und Oblatterwall 30 sowie der Abschnitt zwischen der Schwedenstiege und dem Lueginsland.

Das Äußere Pfaffengässchen [D2] führt ostwärts direkt zur **Stadtbefestigung.** Zuvor trifft man auf die römische Vergangenheit: Der kleine **Archäologische Garten** (s. S. 35) informiert über das früher hier gelegene Verwaltungszentrum der römischen Stadt sowie über die Grabungsarbeiten im Domviertel. Bereits in der Römerzeit war der Stadtkern von einer Wallanlage umgeben und diese wurde im Laufe der Zeit immer weiter ausgebaut und verstärkt. Besonders Stadtbaumeister Elias Holl war zwischen 1605 und 1626 für zahlreiche Umbauten verantwortlich.

Nach dem Anschluss der Freien Reichsstadt an Bayern im 19. Jh. wurden Teile der Stadtbefestigung, besonders im Westen und Süden, abgetragen und durch breite Alleen ersetzt. Etliche Abschnitte blieben jedoch verschont, z. B. hier im Domviertel, wo sich die **Schwedenmauer** hoch über den Unteren Graben erhebt.

Ein malerischer Fußweg führt außen an der Mauer entlang, vorbei an der **Schwedenstiege** zum sog. **Stoinernen Ma** (s. links). Der Name Schwedenmauer erinnert an die schwedische Besatzung 1632.

Innerhalb des Mauerrings befindet sich etwa auf einer Höhe mit der Steinskulptur **St. Stephan** nicht nur Benediktinerkloster mit Stiftskirche, die auf einen Neubau im 18. Jh. zurückgeht, sondern auch ein angesehenes humanistisch-musisches Gymnasium mit Internat. Neben St. Stephan steht das **Galluskirchlein** (www.sanktgallus.net/die-kirchen/augsburg), das im Kern auf das 11. Jh. zurückgeht. Daneben führt das Gallusbergle wieder aus der Ummauerung heraus. Berühmt ist diese Stelle, weil hier Martin Luther 1518 bei seiner Flucht die Stadt verlassen haben soll.

18 Lueginsland ★ [D1]

Auf der Herwartstraße geht es hinauf zur **Bastion Lueginsland** (auch: Luginsland und Lug ins Land), einem weiteren Teil der alten Stadtbefestigung. Steht man hier oben, versteht man den Namen, denn selbst heute reicht der Blick noch weit ins Land hinaus, wenngleich Bäume und die MAN-Fabrikbauten die Sicht etwas beeinträchtigen. Die Bastion und der anschließende Wall sind bei Spaziergängern beliebt, zumal sich zur Stärkung hier oben ein malerischer **Biergarten** (s. S. 70) befindet.

Bis zum Eisstadion 19 sind Teile der alten Stadtmauer erhalten, z. B. das **Fischertor** (1924/25) oder das **Wertachbrucker Tor** (1605), ein von Elias Holl erbauter Geschützturm.

19 Curt-Frenzel-Stadion ★★ [B3]

Südlich des Wertachbrucker Tors ist von der Stadtfestung nurmehr eine Parkanlage, der sog. **Schleifgraben**, erhalten. Der Name leitet sich von „Schleifen" ab, so nannte man einst das Schlittschuhlaufen, das hier schon seit dem 17. Jh. populär war. Im 19. Jh. entstand eine erste Eisbahn, die 1938 zu einer Natureisbahn mit Zuschauertribünen ausgebaut wurde. Gefördert vom ehemaligen Herausgeber der Lokalzeitung, Curt Frenzel, wurde das im Zweiten Weltkrieg zerstörte Stadion in den 1960er-Jahren ausgebaut und 1971 mit einem Dach versehen.

Traditionsreicher AEV

1878 gegründet, ist der **Augsburger Eislaufverein** (AEV) der älteste Eissport betreibende Verein Deutschlands. Nur einmal – 1944 – musste man den Spielbetrieb einstellen. Schon ein Jahr später griff man als „HCA“ (Hockey Club Augsburg „Yellow Tigers“) wieder ins Spielgeschehen ein und 1953 war der „AEV“ zurück. Sechsmal konnte sich der Club als Meister der 2. Liga (1967, 1976, 1978, 1986, 1992, 1994) feiern lassen.

1994 wurden dann die **Augsburger Panther** als Profiunternehmen aus dem Verein ausgegliedert, da der Traditionsverein als eines der Gründungsmitglieder der deutschen Profiliga DEL fungierte. Seither sind die Panther – die meisten Augsburger nennen das Team weiter „AEV“ – erstklassig und neben dem FC Augsburg das sportliche Aushängeschild der Stadt. Auch wenn man finanziell mit den „Großen“ nicht mithalten kann, schickt man stets spielstarke Mannschaften ins Rennen. Kein Wunder, dass ganz Augsburg aus dem Häuschen war, als die Panther 2010 die Vizemeisterschaft errangen – der bislang größte Erfolg in der Vereinsgeschichte!

Auch in der Jugendarbeit leistet der Club seit Generationen Hervorragendes: 1975 wurde der AEV Jugend- und 1998 sogar Juniorenmeister. Einer der ehemaligen Topspieler des Vereins, der Deutsch-Kanadier Duanne Moeser, agiert inzwischen als Manager, andere unvergessene Namen sind Wolfgang Ambros, Klaus Merk, Ernst Köpf oder Ernst Höfner.

› **Augsburger Panther/AEV** – www.aev-panther.de (Tickets)

Anfang der 2010er-Jahre wurde das **Curt-Frenzel-Stadion** modernisiert und die vormals offenen Seiten – die das Zuschauen im Winter nicht sehr angenehm machten – wurden geschlossen. Seitdem freut man sich über das abends attraktiv beleuchtete Stadion, Heimat des traditionsreichen **Augsburger Eislaufvereins (AEV)**. 6179 Zuschauer passen in die Halle, in der bei Heimspielen eine unvergleichliche Stimmung herrscht. Daneben, im Schleifgraben, befindet sich eine zweite, offene Eisbahn für den Publikumsverkehr.

› Senkelbachstr. 2, Straßenbahn 4 „Brunntal“, www.aev-panther.de/cfs/cfs.html

20 Die Heiligkreuzkirchen ★ [C3]

Ein Musterbeispiel für das paritätische Nebeneinander der Konfessionen in Augsburg sind die beiden **Heiligkreuzkirchen** in der Heilig-Kreuz-Straße am westlichen Rand des Domviertels. Die kleinere **Evangelisch-Heiligkreuzkirche** entstand 1653 als Nachfolgebau der zuvor abgerissenen Ottmarskapelle. Die über Eck umlaufende Emporenbrüstung ist mit 18 Bildern (Anfang 17. Jh.) geschmückt, darüber hinaus hängen zahlreiche Gemälde aus dem 17. und 18. Jh., darunter Werke von Tintoretto, Bergmüller oder Schönfeld, an den Wänden.

Die sich direkt daneben befindende **Katholisch-Heiligkreuzkirche** wurde im gotischen Stil (1492–1508) errichtet und um 1719 dann barockisiert. Im Krieg zerstört, wurde sie in den 1950er-Jahren beim Wiederaufbau neogotisch gestaltet.

Zu den Kostbarkeiten der Kirche gehört ein Bild (Altarblatt) mit der Himmelfahrt Mariens aus der Werkstatt von Rubens.

- **Evangelisch Heilig Kreuz,** Heilig-Kreuz-Str. 7, www.heilig-kreuz-augsburg.de, Di.–Fr. 10–11, 15–16, Sa. 10–11, 14–16, So. 9.30–11, 14–16 Uhr, regelmäßig Konzerte
- **Katholisch Heilig Kreuz,** Heilig-Kreuz-Str. 5, tgl. 9–18 Uhr

21 Leopold-Mozart-Haus ★ [C2]

In einem ehemaligen Handwerkerhaus in der mittelalterlich wirkenden Frauentorstraße mit all ihren Giebelhäusern erblickte **Leopold Mozart** am 14. November 1719 das Licht der Welt. Heute befindet sich im Leopold-Mozart-Haus eine **Gedenkstätte** für Leopold, seinen berühmten Sohn **Wolfgang Amadeus** und die schwäbische Familie der Mozarts – erstmals 1331 urkundlich in Oberschönenfeld erwähnt. Die Ausstellung befasst sich sowohl mit der Musik von Vater und Sohn als auch mit ihren europaweiten Reisen und präsentiert historische Musikinstrumente, Handschriften, Notendrucke und Stiche. 2020 wurde das Haus renoviert und multimedial ausgestattet. In elf Themenräumen fasziniert das Museum jetzt u. a. mit einer begehbaren Reisekutsche, einem barocken Zimmertheater und einem Raum, in dem Musik spürbar wird.

In der nahen Jesuitengasse befindet sich das ehemalige **Jesuitenkolleg St. Salvator** (Nr. 12), das schon Leopold Mozart besuchte. Sehenswert ist hier im Obergeschoss der sog. **Kleine Goldene Saal**, 1765 im Rokokostil ausgestaltet. Heute wird der Festsaal für Konzerte genutzt.

- Frauentorstr. 30, www.augsburg.de/kultur/museen-galerien/mozarthaus, Di.–So. 10–17 Uhr, 6 €, mit kleinem Museumsshop, Konzert- und Veranstaltungsraum, Hörlounge, Sinnesraum u. a.

22 Fugger- und Welser-Erlebnismuseum ★ [D3]

Im vorbildlich restaurierten **Wieselhaus** von 1530 – benannt nach einem seiner Bewohner, dem bedeutendsten Optiker seiner Zeit, Johann Wiesel (1583–1662) – befindet sich ein Museum zu Ehren der großen Augsburger Handelsdynastien der Fugger und Welser. Im Inneren des ungewöhnlichen Renaissancebaus mit Arkaden und Loggien geht es in einer informativen, **multimedialen Ausstellung** mit Dokumenten, Fotos, Relikten und Nachbauten um die Geschichte der beiden bedeutenden Familien im späten 15. und 16. Jh. Darüber hinaus wird zu jedem Themengebiet – wie Globalisierung oder Montanwirtschaft – ein Bezug zur Gegenwart hergestellt. An „Erlebnisstationen“ taucht der Besucher direkt in die Vergangenheit ein, ist z. B. bei einem Geschäftsgespräch oder beim Geschlechtertanz dabei. Dazu bekommt jeder Gast ein sog. Pfeffersäckchen, mit dem sich individuell interaktive Inhalte abrufen lassen.

Nur ein paar Schritte entfernt befindet sich der **Archäologische Garten.** Dort wurde während Ausgrabungen (1992–1996) ein römischer Großbau (wahrscheinlich die öffentlichen Bäder von Augusta Vindelicum, s. S. 94) freigelegt. Schautafeln informieren auch über andere Grabungen in der Altstadt.

- **Fugger- und Welser-Erlebnismuseum,** Äußeres Pfaffengäßchen 23, www.fugger-und-welser-museum.de, Di.–So. 10–17 Uhr, 6 €, verschiedene Sonderführungen, Ausstellungen und Veranstaltungen

★8 [D3] **Archäologischer Garten,** Äußeres Pfaffengässchen 9–13, Apr.–Okt. tgl. 10–17 Uhr, Eintritt frei

Die Altstadt

Spricht man in Augsburg von der Altstadt, meint man damit nicht den gesamten Bereich der Stadt innerhalb der alten Befestigung, sondern die „Unterstadt". Diese breitet sich östlich der „Oberstadt" um die Maximilianstraße, die Augsburger Prachtmeile, aus. Die über steile Wege und Treppen erreichbare tiefer gelegene Altstadt ist zugleich das historische Handwerkerviertel mit engen, verschachtelten Gassen und unzähligen Wasserkanälen.

132ab Abb.: mb

Im Gegensatz zur Oberstadt der Patrizier und Bürger war die Altstadt traditionell das Viertel der Handwerker – Seifensieder, Gerber, Scheffler, Schmiede oder Schlosser – und der „einfachen Leute". Daran hat sich bis heute prinzipiell nichts geändert, obwohl es zunehmend schick geworden ist, hier zu wohnen. Genau genommen gliedert sich die Altstadt in drei Teile: das **Lechviertel** im Osten, d.h. unterhalb von Rathaus und Maximilianstraße, das **Ulrichsviertel** zwischen St. Ulrich und Rotem Tor, und die **Jakobervorstadt.**

Das **Lechviertel** hat seinen Namen von den zahlreichen Lechkanälen, die das Viertel von Süden nach Norden durchziehen und die einst für die mittelalterlichen Handwerksbetriebe lebensnotwendig waren. Die Fortsetzung des Lechviertels im Südteil der Altstadt heißt **Ulrichsviertel**, während sich die Jakobervorstadt im Laufe des 13. Jahrhunderts östlich des alten Stadtkerns um **St. Jakob** separat entwickelt hat. Hier fanden Märkte statt, entstanden Handwerksbetriebe und die Fuggerei.

23 Stadtmetzg ★ [D4]

Einer der Wege, der von der Oberstadt hinunter führt, ist der **Perlachberg.** Er endet an der **Stadtmetzg**, einem massiven, auffälligen Gebäude, das zwischen 1606 und 1609 als Zunft- und Verkaufshalle der Metzger von Stadtbaumeister Elias Holl erbaut wurde. Mit Renaissancefassade und zwei großen Portalen – die bezeichnenderweise Rinderschädel zieren – wurde das Haus zur besseren Bewässerung

◁ *Kanäle sind typisch für die Altstadt, hier am Vorderen Lech [D4–E5]*

und Müllentsorgung über einem der Lechkanäle erbaut. Ab 1712 war die Reichsstädtische Kunstakademie hier ansässig und heute wird das Gebäude, für das bereits zahlreiche sinnvollere Nutzungsmöglichkeiten im Gespräch waren, von der Stadtverwaltung genutzt. Gegenüber fällt der **Georgsbrunnen** (1575) auf, hinter ihm befindet sich die **Kresslesmühle** (s. S. 79).

› Metzgplatz, keine Besichtigung

24 Brechthaus ★ [D4]

Nur wenige Schritte von Stadmetzg und Rathaus entfernt, befindet sich das idyllisch von Kanälen umflossene **Brechthaus**. Im Obergeschoss erblickte Eugen Berthold Friedrich Brecht (s. S. 105) am 10. Februar 1898 das Licht der Welt. Im Erdgeschoss befand sich eine Feilenhauerei, während sich die Familie Brecht die obere Wohnung mit zwei Mieterinnen teilte. Seit 1985 ist das Geburtshaus als **Gedenkstätte** zugänglich.

Gezeigt werden Exponate zu Kindheit und Jugend, Leben und Werk des bedeutenden, aber in Augsburg lange Zeit eher verschmähten Autors. Zur **Ausstellung** gehören auch wertvolle Originale und Erstausgaben seiner Werke. Zu sehen sind außerdem das Schlafzimmer von Brechts Mutter, ein Bühnenbild von 1949, Brechts Lebend- und Totenmasken und Kunstwerke verschiedener, teils mit ihm befreundeter Künstler wie Caspar Neher, Paul Hamann, Gustav Seitz oder Waldemar Grzimek. Eine Bibliothek und eine Videoinstallation mit Dokumentarfilmen stellen die Persönlichkeit Brechts und seine literarische Entwicklung vor. Zu Brechts 125. Geburtstag wurde 2023 eine Wohnung im zweiten Stock wieder bewohnbar gemacht und soll im Rahmen eines Artists-in-Residence-Programms internationalen Künstlern als Wohn- und Arbeitsplatz auf Zeit dienen.

Im Haus daneben lädt abends der **Drunken Monkey** (s. S. 74) mit grandioser Bierauswahl ein, zudem gibt es gegenüber das **DeDe Café** (s. S. 71).

› Auf dem Rain 7, Di.–So. 10–17 Uhr, 2,50 €, http://kunstsammlungen-museen.augsburg.de/brechthaus, Buchpräsentationen, Theater, Vorträge, Diskussionen, Konzerte etc.

25 Barfüßerkirche ★ [D4]

In der nahen Barfüßerkirche wurde Bert Brecht getauft und konfirmiert. Damals sah die Kirche, die im frühen 15. Jh. als Teil eines Franziskanerklosters entstand und seit 1536 als evangelisches Gotteshaus fungierte, noch anders aus: Sie wurde nämlich im Zweiten Weltkrieg bis auf den Chor zerstört. Erhalten sind einige Bilder aus der Barockzeit und sehenswerte Holzskulpturen von Georg Petel (um 1630), darunter ein Kruzifix und ein segnendes Christuskind. Sehenswert ist auch der Innenhof, der an einen Klosterhof erinnert.

Nur wenige Schritte von der Kirche entfernt, stößt man in der Pfladergasse auf die **Alte Silberschmiede** (s. S. 82). Der um 1250 entstandene und um 1550 umgebaute Handwerksbetrieb ist in einem typischen Beispiel für historische Handwerkerhäuser in der Altstadt untergebracht und zeigt noch heute die Bedeutung der Stadt als Zentrum der deutschen Gold- und Silberschmiedekunst. In Betrieben wie diesem entstand einst das weltberühmte Augsburger Tafelsilber.

› Mittlerer Lech/Barfüßerstr., www.barfuesser-augsburg.de, tgl. 9–18 Uhr geöffnet

㉖ Gignoux-Haus ★ [D4]

Das **Gignoux-Haus** am Vorderen Lech 8 ist ein prächtiger, renovierter Rokokobau, der – man mag es kaum glauben – 1764/1765 als Kattunfabrik erbaut wurde. 1822 zog im Erdgeschoss das Gasthaus Blaues Krügle ein, das über einen großen Saal verfügte. Diesen benutzte das Stadttheater nach dem Krieg als Ersatzspielstätte und ab 1956 als feste Bühne. Diese sog. **Komödie** (Schauspiel und Ballett) musste 2010 aufgrund von Baumängeln schließen. Nach langem Leerstand wurde das Gebäude in den letzten Jahren saniert und in Wohnraum umgewandelt.

Ein Stückchen weiter, ebenfalls am Vorderen Lech, steht das **Holbeinhaus,** 1496 vom Maler Hans Holbein d.Ä. erworben und 1497 oder 1498 Geburtsort seines Sohnes Hans d.J. Seit 1964 ist es Gedenkstätte und Sitz des 1833 gegründeten **Kunstvereins Augsburg** (s. S. 63, Wechselausstellungen).

› Vorderer Lech 8

㉗ Augsburger Puppenkiste ★★★ [E6]

Die von Walter Oehmichen 1948 eröffnete Puppenkiste und ihre Akteure sind ein Symbol der Stadt und dank der TV-Übertragungen deutschland-, wenn nicht sogar weltweit bekannt geworden. Das Museum „Die Kiste" macht im Obergeschoss des historischen Heilig-Geist-Spitals das Erlebnis perfekt.

Längst ist die Augsburger Puppenkiste mit über 400 Aufführungen im Jahr „schwäbisches Kulturgut". Denn wer kennt sie nicht, die Abenteuer von Urmel auf der Insel Titiwu oder von Jim Knopf und Lukas mit ihren Lokomotiven auf der Insel Lummerland? Seit Generationen ist die Puppenkiste ein **Familienbetrieb.** Gegenwärtig hat Klaus Marschall die Leitung des von seinem Großvater gegründeten Puppentheaters inne. Nachdem Walter Oehmichen während des Zweiten Weltkriegs in Frankreich diese Form des Theaters kennengelernt hatte, begann er in Augsburg mit einem Wandertheater, das jedoch in der Bombennacht im Februar 1944 zerstört wurde. 1948 eröffnete Oehmichen dann die Puppenkiste im Heilig-Geist-Spital.

Die Puppenkiste ist **kein reines Kindertheater** und es werden auch nicht nur Märchen gespielt: Schon 1960 wurde z.B. Brechts „Dreigroschenoper" aufgeführt. Unsterblich wurde die „Kiste" aber mit Geschichten wie „Urmel aus dem Eis", „Jim Knopf und Lukas der Lokomotivführer", „Kater Mikesch", „Der Löwe ist los" oder „Bill Bo und seine Kumpane". Dabei spielte das **Fernsehen** eine entscheidende Rolle: 1953 wurde dort erstmals „Peter und der Wolf" gezeigt und in den folgenden 60 Jahren kam es zu 147 Produktionen. Generationen Deutscher wuchsen mit den Sendungen der Puppenkiste auf und bis 1994 strahlte der Hessische Rundfunk regelmäßig um Weihnachten herum neue Folgen aus. Von 1959 bis 1989 schickte das „Sandmännchen" abends Kinder ins Bett.

Auch im **Kino** waren die Helden der Kiste schon zu sehen: Die Abenteuer von „Monty Spinneratz" und seiner Rattenfreunde in der New Yorker Subway wurden tatsächlich teilweise vor Ort gedreht. Außerdem kamen schon mehrere Weihnachtsfilme ins Kino. Kein Wunder, dass die Kiste in Augsburg Kultcharakter hat und sogar lokale **Profisportler** dafür Reklame machen. So erhalten die Gegner des FCA vor Bundesliga-Begegnungen keinen Wimpel überreicht, sondern jede Saison eine andere Marionette (die es übrigens auch im Shop zu kaufen gibt). Inzwischen gibt es sogar eine „Kasperle Ampel" an der Kreuzung Milchberg/Spitalgasse und eine „Puppenkisten-Briefmarkenkollektion".

Aber auch die **Vorstellungen** in dem schmucken Theater (218 Plätze) – oft zwei am Tag zu festgelegten Terminen (außer montags), wobei abends auch „Kabarett" oder andere Stücke für Erwachsene auf dem Programm stehen – sind ständig gut ausgelastet. 20 Puppenspieler und weitere Angestellte sorgen für den reibungslosen Ablauf, daneben geht die Kiste im Sommer regelmäßig auf **Tournee.** Selbst in den USA und Japan ist das Theater mit seinen altertümlichen, aber mit viel Liebe zum Detail gestalteten Kulissen und seinen unvergleichlichen Figuren bekannt und beliebt. Die **Marionetten** stammen großteils noch von Hannelore Marschall (1931–2003), der Tochter des Gründers, und sind mit handgeschnitzten Köpfen, Händen und Füßen aus Lindenholz und handgefertigten Kostümen ausgestattet.

Die Puppenkiste ist im historischen Baukomplex des **Heilig-Geist-Spitals** untergebracht. Die vierflügelige Anlage mit Arkadenhof war das letzte Werk des Stadtbaumeisters **Elias Holl** und wurde 1631 fertiggestellt. Ein städtisches Krankenhaus ist hier sogar schon seit 1150 urkundlich bezeugt. Die große, dreischiffige und mehrfach abgeteilte Gewölbehalle im Inneren des lang gestreckten Hauptbaus wird heute von der Puppenkiste genutzt. Im Südteil verbirgt sich eine protestantische Kapelle und im nordöstlichen Trakt beherbergt das Spital ein Seniorenwohnheim.

045ab Abb.: mb

Durch den großen Innenhof an der Kirchgasse geht es nicht nur zum Hintereingang des Museums Die Kiste, sondern es führt auch ein Durchgang zum idyllischen **Handwerkerhof** mit drei Wassertürmen und dem **Schwäbischen Handwerkermuseum** (s. S. 64) im **Brunnenmeisterhaus.** Es ist unter Leitung des dama-

Urmel aus dem Eis, eine der bekannten Figuren der Puppenkiste ligen Stadtbrunnenmeisters Caspar Walter um die Mitte des 18. Jahrhunderts entstanden. Der begrünte Innenhof ist im Sommer ein lauschiges Idyll und an Adventswochenenden malerischer Standort eines Kunsthandwerksmarktes.

Nördlich des Spitals steht das ehemalige Dominikanerinnenkloster **St. Margareth** mit Innenhof (ehemaliger Wollmarkt) und kleiner Barockkapelle an der Nordwestecke. Ein Durchgang am Neubau führt zur Rote-Tor-Anlage und zum Kräutergarten.

Auch wenn man keine Vorstellung der Augsburger Puppenkiste besuchen möchte, sollte man auf jeden Fall einen Blick ins Foyer werfen und **„Die Kiste"** anschauen. In diesem Museum erwachen die Kindheitshelden aus dem Fernsehen zu neuem Leben. Es gibt eine nachgebaute Werkstatt, Originalkulissen und Szenen aus verschiedenen Stücken und viele Marionetten zu sehen. In zwei kleinen Theatern laufen außerdem Ausschnitte aus den legendären TV-Serien. Ein echter Lesetipp ist der Roman „Herzfaden" von Thomas Hettche (Kiepenheuer & Witsch, Köln 2020).

› Spitalgasse 15, mit Laden und Café-Bistro (gemütlich im Foyer, kleine Gerichte und Getränke), Programm: https://puppenkiste.com, gelegentlich auch Konzerte, Workshops u. a. Veranstaltungen.

› **Augsburger Puppentheatermuseum Die Kiste** im 1. Stock, www.diekiste.net, Mi.–So. 12–18 Uhr, 5 €

☒ *Eines der Stadttore wurde von Elias Holl erbaut: das Rote Tor*

28 Am Roten Tor ★★★ [E7]

Das Rote Tor ist nicht nur optisch das herausragendste Stadttor Augsburgs, davor befindet sich auch die einzigartige Freilichtbühne und daneben stehen gleich drei historische Wassertürme. Der Rote Torwall mit dem alten Stadtgraben ist heute ein beliebter Erholungspark mitten in der Stadt, Teil davon ist ein ungewöhnlicher Kräutergarten.

Südlich an das Heilig-Geist-Spital schließt sich die Stadtbefestigung um das **Rote Tor** an. Es gewährte früher Reisenden, die auf der römischen Via Claudia Augusta von Süden kamen, Einlass in die Stadt.

Das heutige rot-beige gestrichene, massive Tor wurde 1622 vom Stadtbaumeister Elias Holl auf mittelalterlichen Fundamenten errichtet. Das niedrigere Vortor entstand schon Mitte des 16. Jahrhunderts, der **Rote Torwall**, der sich als Rundbastion anschließt, stammt von 1611. Steigt man von der Seite der Remboldstraße den **Roten Torwall** hinauf, bietet sich ein schöner Blick auf die Wassertürme, St. Ulrich, die Altstadt, die Freilichtbühne und die Torwallanlage.

In der 1929 eingerichteten **Freilichtbühne** mit über 2000 Plätzen finden jeden Sommer Aufführungen des Stadttheaters sowie Konzerte statt (s. S. 77). Der sich östlich anschließende einstige Stadtgraben und der Vorbereich des Torwalls bilden eine beliebte Grünanlage mit Wegen, Spiel- und Rasenflächen.

Der Park endet im Norden beim städtischen **Kräutergärtlein**, dessen Ursprünge ins Jahr 1530 zurückreichen. Jeder kann hier kostenlos kleine Mengen an Kräutern pflücken und sich zwischen Blumenrabatten, schattenspendenden Bäumen und

MEIN TIPP

Augsburger Handwerkerweg

Der „Augsburger Handwerkerweg" führt ausgehend vom Schwäbischen Handwerkermuseum (s. S. 64) **zu 31 Handwerksbetrieben** vom Roten Tor im Süden bis zum Wertachbrucker Tor im Norden. Entlang der Route durch die historische Altstadt erhält man Infos zu Berufen wie Schuhmacher, Schneider, Metallbauer, Bäcker oder Friseur sowie zu selteneren Handwerken wie z. B. Geigenbau, Korbflechten, Kürschnerei oder Gerberei. In der Stadt des „Augsburger Silbers" bilden dabei **Gold- und Silberschmiede** einen thematischen Schwerpunkt. Die Tourist-Information (s. S. 114) hat dazu die Broschüre „Handwerk erleben" herausgegeben.

› **Infos:** www.augsburg-tourismus.de/de/broschueren

080ab Abb.: mb

Pflanzenraritäten erholen. Folgt man den Wallanlagen weiter nach Norden, stößt man beim unübersehbaren Einkaufszentrum **City-Galerie** auf ein weiteres Stadtor, das **Vogeltor.** Es entstand 1374/1375, als man die Jakobervorstadt (s. S. 43) in die Stadtbefestigung einbezog.

Zwischen dem Roten Torwall und dem Handwerkerhof fallen drei **Wassertürme** auf: Zum einen sind da die auffälligen **Zwillingstürme** direkt neben dem Roten Tor, der **Große** (zwei achteckige Obergeschosse, Balustrade) und der **Kleine Wasserturm** (zwei sechseckige Obergeschosse, Kuppel). Sie stammen aus dem 15. Jh., erhielten ihr heutiges Aussehen im 16. bzw. 17. Jahrhundert und wurden im 18. Jh. modernisiert. Die auch architektonisch und handwerklich aufwendig gestalteten Türme dienten der Wasserversorgung der Oberstadt. Das Wasser wurde von den Kanälen in die Reservoirs in den Türmen hochgepumpt und von dort weitergeleitet (Besichtigung im Rahmen von Führungen möglich, s. S. 110).

Vor den beiden Türmen liegt das edel ausgestattete **Obere Brunnenmeisterhaus,** zugänglich über ein Brücklein über den Vorderen Lech. Daneben sieht man das **Aquädukt** von 1777, über das der Trinkwasserkanal über den Rote-Torwall-Graben geleitet wurde. Das Untere Brunnenmeisterhaus befindet sich im idyllischen **Handwerkerhof** (s. Handwerkermuseum S. 64).

In unmittelbarer Nähe befindet sich auch der dritte der ursprünglich fünf Wassertürme: der **Spital- oder Kastenturm** mit zwei achteckigen Obergeschossen, rot gestrichen und mit abschließender Balustrade. Er gehörte einst zur mittelalterlichen Festung und wurde erst nach deren Umbau Ende des 16. Jahrhundert zum Wasserturm umfunktioniert und von Elias Holl in den Spitalbau integriert.

- •9 [E6] **Augsburger Kräutergärtlein**, Am Rabenbad (Zugang vom Stadtgraben oder bei St. Margareth, s. S. 40), Apr.–Okt. tagsüber geöffnet, Eintritt frei, auch Führungen.
- › **Wassertürme am Roten Tor**, öffentliche Führungen: April–Okt. Fr., Sa. 14, So. 11 Uhr, 9 € (Anmeldung erforderlich), www.augsburg-tourismus.de/de/unesco-welterbe/sehenswuerdigkeiten/der-große-und-der-kleine-wasserturm

⊡ *Die Fuggerei ist Open-Air-Museum und Wohnsiedlung in einem*

29 Fuggerei ★★★ [E4]

Die im frühen 16. Jh. von Jakob Fugger ins Leben gerufene Fuggerei erfüllt noch heute ihren Zweck als soziales Wohnungsbauprojekt, ist jedoch zugleich ein viel besuchtes Open-Air-Museum. 2021 feierte die Fuggerei, eine der Topattraktionen Bayerns, ihr 500-jähriges Bestehen.

Zwischen 1516 und 1523 wurde die Fuggerei nach Plänen von Thomas Krebs als Wohnsiedlung für bedürftige Augsburger Bürger, v. a. Handwerker und Taglöhner, errichtet. Die Stiftungsurkunde von Jakob Fugger, dem „Reichen“, stammt von 1521. Die „Fuckerey“ gilt heute als die **älteste bestehende Sozialsiedlung** der Welt, eine „Stadt in der Stadt“ mit Kirche, Mauer und drei Toren.

Auf standardisierten Grundrissen entstanden **zweigeschossige kleine Wohnungen**, insgesamt 140 in 67 Häusern. Mit Küche, Wohnstube,

047ab Abb.: mb

MEIN TIPP

Jakobervorstadt

Verlässt man die Fuggerei durch das Saugassentor, steht man auf dem **Jakoberplatz** mit dem **Neptunbrunnen** aus dem 16. Jh. (ursprünglich zwischen Rathaus und Perlachturm aufgestellt) und der St.-Jakobs-Kirche in Sichtweite. Seit etwa 1000 treffen sich hier Jakobus-Pilger auf dem Weg nach Santiago de Compostela (Infotafel an der Fassade).

Die **Jakobervorstadt** entstand im 13. Jh. östlich der mittelalterlichen Festung. Um 1340 wurde das Siedlungsareal mit einer Holzpalisade in die Stadtbefestigung einbezogen. Erst im Laufe des späten 15. Jh. wurde das Provisorium durch eine turmbewehrte Mauer ersetzt. War die Oberstadt das Viertel der Patrizier und die Unterstadt das der Handwerker, fanden hier – wo genügend Fläche zur Verfügung stand – vor allem **Märkte** wie Roß-, Sau- und Rindermarkt sowie Volksfeste statt. Noch heute feiert man hier das **älteste Volksfest Augsburgs**, die Jakober Kirchweih (s. S. 88). Im Laufe des 14. Jh. entstand die **St.-Jakobs-Kirche,** die damals noch eng von Häusern und Läden umschlossen war. 1521 wandte sich die Kirchengemeinde als eine der ersten in Augsburg dem Protestantismus zu, blieb aber in einem der Anbauten Anlaufstelle der Pilger. Im 18. Jh. wurde das Langhaus zum Saalbau umgestaltet, 1944 wurde es im Krieg völlig zerstört, 1947 wiederaufgebaut und 1988 saniert. Im Inneren sind ein handgewebter Sternenweg-Teppich und eine bronzene Jakobusdarstellung sehenswert. Vor dem Ostchor steht seit 1994 der **Jakobspilgerbrunnen** mit dem heiligen Jakobus und Wallfahrern.

Im Osten der Jakobervorstadt erhebt sich unübersehbar das **Jakobertor.** Im 14. Jh. als wichtiger Stadtzugang aus Richtung München entstanden, erhielt es erst Anfang des 16. Jh. sein jetziges Aussehen. Um 1540 kamen mächtige **Wallanlagen** wie der **Jakoberwall** (im Süden) sowie der **Oblatterwall** (im Norden) dazu.

Kammer und Schlafstube waren sie für die Entstehungszeit großzügig geplant und modern ausgestattet. Die Jahres(kalt)miete für eine Wohnung in der Fuggerei beträgt bis heute den nominellen Gegenwert eines Rheinischen Gulden, derzeit 0,88 €. Dazu kommen die „normalen" Nebenkosten. Darüber hinaus verpflichtet sich der Mieter, täglich **drei Gebete** für den Stifter und seine Familie zu sprechen. Noch immer werden die Tore um 22 Uhr geschlossen, danach öffnet der Nachtwärter nur nach Hinterlegung einer „Sperrgebühr".

Rund 150 Menschen wohnen heute in der Fuggerei und als Kriterium für die Aufnahme gilt, dass sie ohne eigenes Verschulden in Armut geraten, katholisch und Augsburger sind. **Prominentester Bewohner** war einst der Maurermeister Franz Mozart, der Urgroßvater des weltberühmten Komponisten. Bis heute wird die Sozialsiedlung nahezu ausschließlich aus dem Stiftungsvermögen (Forstwirtschaft und Immobilien) finanziert. Leiterin der **Fugger'schen Stiftung** ist Maria Elisabeth Gräfin Thun-Fugger, die der Linie Fugger-Kirchberg-Weißenhorn angehört. Die beiden anderen Familienlinien sind Fugger-Babenhausen und Fugger von Glött. Heute wird rund eine halbe Million Euro jährlich für den Erhalt des Komplexes benötigt. Teilweise wird die Summe durch die Eintrittsgelder hereingeholt.

Der **Hauptzugang** liegt an der Jakoberstraße neben dem Lokal Die Tafeldecker in der Fuggerei (s. S. 69) und hier stößt man auf die **Markuskirche** und auf das Markusplätzle. Das kleine Gotteshaus der Siedlung wurde von Elias Holls Vater Hans erbaut. Die Herrengasse führt dann ins Zentrum der Anlage. Von ihr zweigen **verschiedene Gassen** – Finstere, Mittlere und Hintere Gasse sowie die Ochsengasse und die Neue Gasse – ab. Im Osten führt die Saugasse zu einem weiteren Tor, durch das man auf den Jakobsplatz gelangt. Ein dritter Einlass befindet sich an der Ochsengasse.

Beim Spaziergang durch die Gassen sollte man auf die verschieden gestalteten Klingelzüge achten (bei Dunkelheit war einst erspürbar, wo man wohnte). Im **Museum der Geschichte und des Wohnens** (Mittlere Gasse 13/14) illustriert eine historische Musterwohnung mit Filmen, Karten und Ausstellungsstücken die Geschichte der Fugger und der Fuggerei. Zwei weitere Museen, das **Museum der Bewohner** sowie das **Museum des Alltags** (Ochsengasse 46 bzw. 47), widmen sich den heutigen Bewohnern und dem modernen Leben in der Fuggerei. In einem **Bunker** aus dem Zweiten Weltkrieg werden anhand von Fotos und Dokumenten Zerstörung und Wiederaufbau von Fuggerei und Stadt gezeigt.

› Fuggerei 26 (Haupteingang Jakoberstr.), www.fugger.de/fuggerei.html, April–Sept. 9–20, Okt.–März 9–18 Uhr, 8 € (Familienkarte 18 €). Mit **Restaurant und Biergarten Die Tafeldecker,** tgl. 12–22 Uhr (bis 17.30 Uhr Selbstbedienung im Biergarten).

› **Buchtipp:** Astrid Gabler (Hrsg.), Die Fuggerei (Hanser Verlag München, 2020)

Auf einer Führung durch die Maschinenhalle im tim 31

30 Oblatterwall ★ [F2]

Folgt man der Wallanlage vom Jakobertor nach Norden (Untere Jakobermauer bzw. Oblatterwallstr.), stößt man auf den **Fünfgratturm,** der wegen der fünf Spitzen von den Einheimischen **„Fünffingerlesturm"** genannt wird. Mitte des 15. Jh. als Wehrturm errichtet, steht er nach Abriss der Stadtmauer heute einsam am Stadtgraben.

Bevor man am Oblatterwall die Nordostecke der Stadtbefestigung erreicht, geht es vorbei am **Unteren St. Jakobs-Wasserturm.** Wie der zerstörte Obere St. Jakobs-Wasserturm entstand er zwischen 1604 und 1609 am Reißbrett des Stadtbaumeisters Elias Holl. Zusammen mit den drei Wassertürmen am Roten Tor 28 sorgte er für die Wasserversorgung in der Stadt.

Der **Oblatterwall** stammt aus der zweiten Hälfte des 15. Jh. und erhielt seinen Namen entweder von einem Pulvermacher namens Oblatter oder vom einst gegenüberliegenden „Blatterhaus", wo die an „bösen Blattern" (Syphilis) Erkrankten untergebracht waren. Um 1540 wurde die Anlage zu einer Rundbastion mit Turm ausgebaut und 1625 von Elias Holl umgestaltet. 1901 gerieten dann der Wall und die hier besonders gut erhaltene Grabenanlage in die Schlagzeilen: Albert Gollwitzer (1839–1917), lokaler Bauunternehmer und Architekt, wollte hier den von den Augsburgern mit viel Spott bedachten **Augsburger Kanalhafen** erbauen, der sogar an die Donau angeschlossen werden sollte. Übriggeblieben ist ein seeartiger Kanal um den Oblatterwall, der als **„Kahnfahrt"** firmiert und zu den beliebten lokalen Ausflugszielen mit Biergarten und Bootsvermietung (s. S. 70) gehört.

Das Textilviertel

Auf knapp 2 km² Fläche erstreckt sich östlich der alten Stadtbefestigung das Textilviertel. Ende des 19. Jh. galt Augsburg als „deutsches Manchester". Zur Blütezeit gab es 21 Textilfabriken, die über 10.000 Arbeiter beschäftigten. Dieser Epoche wird im Museum tim in einer ehemaligen Fabrik eindrucksvoll gedacht.

Schon lange vor der Industrialisierung war Augsburg ein **Textilzentrum:** Um 1500 sind bereits 1000 Weber in Augsburg dokumentiert – auch die Vorfahren der Fugger waren Weber. Als im frühen 17. Jh. bunt bedruckte Baumwollstoffe aus Indien zur Konkurrenz wurden, entstand 1689 in Augsburg die erste Kattundruckerei. Mit Johann Heinrich von Schüle, der 1770/72 die Schüle'sche Kattunmanufaktur am Roten Tor erbaute, setzte dann die Industrialisierung ein.

In den 1830er-Jahren entstanden **erste große Firmen** wie die Augsburger Kammgarn-Spinnerei (AKS) und die Mechanische Baumwoll-Spinnerei und Weberei Augsburg (SWA). 1847 folgte die Bleicherei und Färberei Martini & Cie. und 1885 die NAK (Neue Augsburger Kattunfabrik). Da innerhalb der Stadtmauern Platzmangel herrschte, siedelte sich das Textilgewerbe auf einem unbebauten Areal östlich der Altstadt (Richtung Lech), im heutigen Textilviertel, an. Ein Vorteil war der nahe Lech, der kostenlos die nötige Energie lieferte. Repräsentative Fabrikbauten, aber auch Unternehmervillen und Arbeitersiedlungen, wie sie heute noch teilweise im Kammgarn- oder Proviantbachquartier erhalten sind, entstanden.

In der **Nachkriegszeit** erlebte die Textilindustrie einen letzten Boom, Ende der 1950er-Jahre waren über 17.000 Menschen im Textilsektor tätig. Mit dem Aufkommen billiger internationaler Konkurrenz war der Niedergang jedoch unabwendbar: Die SWA schloss 1986, die NAK folgte 1996 und die Kammgarn-Spinnerei 2002. Der Verfall vieler Industriebaudenkmäler war damit besiegelt.

Erst die Einrichtung des **tim** 31 auf dem Gelände der AKS sorgte 2010 dafür, dass ein Teil des Textilviertels gerettet wurde. Das **Stadtarchiv** und das Zentraldepot des Römischen Museums zogen in benachbarte Hallen ein. Darüber hinaus entstanden und entstehen im Umkreis neue Wohnanlagen, „Stadthäuser" genannt, und Büros sowie Praxen, Lokale und Läden.

› Informationen: www.das-textilviertel.de

049ab Abb.: mb

31 tim – Staatliches Textil- und Industriemuseum ★★★ [G5]

In Teilen der historischen Maschinenhallen der 1836 gegründeten Augsburger Kammgarnspinnerei eröffnete 2010 das Staatliche Textil- und Industriemuseum, kurz „tim". Es setzt Augsburgs Vergangenheit als Textilstadt eindrucksvoll in Szene und gehört zu den innovativsten und sehenswertesten Museumsprojekten Bayerns.

Allein schon die Art der Renovierung und Umgestaltung der Industriebauten zu einem modernen Museum ist sehenswert, dazu gibt die Ausstellung einen umfassenden und unterhaltsamen Einblick in die Geschichte der Textilindustrie und damit auch in die Industrialisierung der Stadt und Bayerns. Dass das Konzept wegweisend ist, belegen die hohen Besucherzahlen und mehrere Auszeichnungen.

MEIN TIPP

Fabrikarchitektur im Textilviertel

Außer der Kammgarnspinnerei (AKS), Sitz des tim 31, gibt es weitere historische Industriebauten:

★10 [dg] **Fabrikschloss,** Proviantbachstr. 30. Der Prachtbau im Ostteil des Viertels entstand 1895 bis 1898 als zweiter Teil des Werks III für die SWA. Heute sind hier Büros und Geschäfte eingezogen.

★11 [cg] **Färberturm,** Schäfflerbachstr. 26, www.buergeraktion-textilviertel.de/BATV-Der-Färberturm. Der Ende des 18. Jh. erbaute Turm diente dem Trocknen der gefärbten Kattunstoffe. 2012 bei einem Brand beschädigt, wurde er im Herbst 2020 wiedereröffnet und wird seitdem von der Bürgeraktion Textilviertel e.V. als Vereinstreffpunkt genutzt. Veranstaltungen, Ausstellungen etc. sind geplant. Der Färberturm ist das letzte erhaltene Bauwerk dieser Art in Augsburg. Typisch ist der rechteckig gemauerte Sockel mit Holzaufbau und Trockenvorrichtung. Daneben befindet sich das ehemalige Wasch- und Badehaus der Arbeitersiedlung der Kammgarn-Spinnerei von 1879 (heute als Kammgarn-Selimiye-Moschee genutzt).

★12 [H4] **Glaspalast,** Beim Glaspalast 1. Der Bau entstand 1910 als einer der ersten Stahlskelett-Hochhausbauten Deutschlands für die SWA und stammt vom Reißbrett des Stuttgarter Architekten Philipp J. Manz. Das palastartige Fabrikgebäude wurde von den Augsburgern zum „Glaspalast" erklärt, da nachts durch die großen Fenster das Licht wie aus einem Palast weithin strahlte. 492 Webstühle waren einst in Betrieb und fast 3000 Menschen arbeiteten hier. Nach dem Konkurs der SWA übernahm die Stadt das Gebäude, 1999 kaufte es der Bauunternehmer Ignaz Walter und sanierte es für seine Kunstsammlung (s. S. 63). Zudem befinden sich hier u. a. das H2 – Zentrum für Gegenwartskunst (s. S. 63), die Galerie Noah (s. S. 65) und das Restaurant Magnolia (s. S. 67).

★13 [H5] **martini-Park,** Provino-/Schäfflerbach-/Reichenberger Str. Die ehemalige Bleicherei, Färberei, Druckerei und Appreturanstalt ist heute Gewerbepark und Wohnanlage sowie Ersatzspielstätte des Staatstheaters 12 und Sitz der Feuerwehrerlebniswelt (s. S. 63).

★14 [F7] **Schüle'sche Kattunmanufaktur,** Friedberger/Ecke Remboldstr. 1770 bis 1772 erbauter Komplex. Von der dreiflügeligen, an ein Barockschloss erinnernden Manufaktur ist heute nur noch der Kopfbau erhalten (FH Augsburg).

Auf 2500 m² Dauerausstellungsfläche – das tim verfügt insgesamt über das Doppelte – stehen vier „M“ im Mittelpunkt: **Mensch – Maschine – Muster – Mode.** Es geht also nicht nur um die Geschichte der Textilindustrie und deren Unternehmen, um Jahreszahlen und Namen, sondern auch um die Beschäftigten, die Arbeitsbedingungen und die durch die Textilindustrie hervorgerufenen Veränderungen in der Stadt.

Das Museum ist dreigeteilt: Erstens gibt es in einer großen Halle restaurierte **historische Webstühle** und andere Maschinen (Vorführungen) zu bewundern, zweitens werden in kleineren „Kabinetten“ **Historie** und Fakten anschaulich gemacht und schließlich geht es um **Mode.** Herzstück des tim sind nämlich 550 gerettete **Musterbücher** mit Calico-Stoffmustern der Augsburger Kattunfabrik (NAK) aus den 1780er- bis in die 1990er-Jahre. Teile davon sind ausgestellt. In einer letzten Abteilung geht es um die Mode im Lauf der Zeiten.

Im Obergeschoss finden außerdem interessante **Wechselausstellungen** mit den Themenschwerpunkten Textil, Kunst oder Industrie statt. Viele andere Veranstaltungen – von Theater über Modenschauen und einem großen Textilmarkt bis zu Workshops – stehen ebenfalls auf dem Programm.

› Provinostr. 46, www.timbayern.de, Straßenbahnlinie 6 bis „Textilmuseum“, Di.–So. 9–18 Uhr, 5 € (So. 1 €), Extragebühr für Vorführungen (1,50 €) und für Sonderausstellungen (auch Kombiticket). Führungen, Kunsthandwerksmessen, Workshops und Events sowie ein Laden, in dem u. a. vor Ort hergestellte Textilien verkauft werden (s. S. 82), und das Restaurant nunó (s. S. 72).

32 Schlachthofviertel ★ [H3]

Die vorbildlich zurückhaltend renovierte **Kälberhalle** ist ein Relikt des **ehemaligen Schlacht- und Viehhofs,** der zwischen 1900 und 2004 hier, am Rande des Textilviertels, in Betrieb war. In den 1970er-Jahren war der Komplex mit insgesamt 22 Gebäuden aufwendig zum damals zweitgrößten Schlacht- und Viehhof in Bayern (nach dem in München) ausgebaut worden.

Nachdem im Jahr 2004 im Süden der Stadt ein neuer Schlachthof entstanden war, war das ungenutze Gelände dem Verfall preisgegeben. Heute sind im Schlachthof-Quartier noch einige Bauten im Eingangsbereich sowie die Großvieh- bzw. Kälbermarkthalle erhalten. In den meisten Gebäuden sind heute Lokale, Geschäfte und Büroräume untergebracht.

In der Kälberhalle eröffnete 2012 die Brauerei **Hasen-Bräu** – 1464 gegründet und sehr traditionsreich, allerdings seit 2004 zur Radeberger-Gruppe des Oetker-Konzerns gehörig – eine **Hausbrauerei** mit großem Restaurant und Biergarten. Mit rund 1700 m² wirkt die heute modern gestaltete Halle wie eine Basilika mit dreischiffigem Grundriss. Der Vorplatz mit „Kastanienwald“ – die Bäume sind vielfach an die 100 Jahre alt – wird als Biergarten genutzt und im Sommer ist hier außerdem der **KultStrand** (s. S. 75) mit Barbetrieb, Konzerten und anderen Events zu finden.

› **Hasenbräuhaus,** Berliner Allee 36, Tel. 4556566, www.kaelberhalle.de, tgl. 11–23 Uhr. Etwa 400 Plätze. Als Alternativen bieten sich Via del Gusto (Italienische Feinkost und Trattoria), die N8Stallung, das Restaurant Schlachthof oder das Café Himmelgrün auf dem Gelände an.

Westlich des Zentrums

33 Jüdisches Museum Augsburg Schwaben ★★ [C5]

Zwischen Königsplatz und Hauptbahnhof verbirgt sich hinter den lang gestreckten „Gemeindehäusern" die Synagoge. Der **sehenswerte Kuppelbau** wurde zwischen 1913 und 1917 nach Plänen der Münchner Architekten Fritz Landauer und Heinrich Lömpel in für die damalige Zeit ungewöhnlich modernem Jugendstil erbaut. Die Pogromnacht im November 1938 sorgte für schwere Schäden, die von 1974 bis 1985 beseitigt wurden. Seither erstrahlt die Synagoge in altem Glanz.

Über den Innenhof mit **Lebensbrunnen** erreicht man im Westtrakt das Jüdische Museum und durch dieses hindurch die **Synagoge**, genauer, die Frauenempore. Der mit einer 29 m hohen Kuppel versehene, in fast mystisches Licht getauchte **Zentralraum**, der die Form eines byzantinischen Kreuzes aufweist, verbindet verschiedene künstlerische Stilelemente – orientalisch-byzantinische und Jugendstil-Ornamentik – mit modernster Konstruktionsweise.

Die blaugrüne Kuppel wird von einem **goldenen Mosaik** überzogen, doch auch die übrige ikonografische Ausgestaltung ist üppig. Sie reicht vom farbigen Mosaik über dem Thora-Schrein über fünf Medaillons am Ostbogen mit Darstellungen der Hohen Feiertage und Bildern von den 12 Stämmen an den Emporenbrüstungen bis zu vier Stuckreliefs mit der Thora als Baum des Lebens am Übergang von der Kuppel zum Zentralraum. Dazwischen finden sich zahlreiche Bibelzitate in hebräischer Schmuckschrift.

In Nebenräumen der Synagoge ist das **Jüdische Museum Augsburg Schwaben** eingerichtet, das anschaulich über das jüdische Leben in Augsburg und Schwaben ab dem Mittelalter informiert, über Gebräuche, Feste, Essensrituale und Glaubensprinzipien. Bereits vor dem Zweiten Weltkrieg gab es in Augsburg eine große liberale jüdische Gemeinde. Im westlichen Stadtteil Kriegshaber wurde 2014 in der dortigen Synagoge eine Dependance des Jüdischen Museums Augsburg Schwaben eröffnet.

› **Synagoge/Jüdisches Museum,** Halderstr. 6–8, https://jmaugsburg.de, Mo.–Do. 9–18, Fr. 9–16, So. 10–17 Uhr, 6 € (Kombiticket 10 €), So. frei. Mit Museumsshop, Literaturhandlung und Lesecafé Landauer.

M 15 **Synagoge Kriegshaber,** Ulmer Str. 228, Do.–So. 14–18 Uhr, 6 €. Älteste erhaltene Synagoge in Bayerisch-Schwaben.

34 Hauptbahnhof ★ [B5]

Der Hauptbahnhof Augsburgs ist der älteste sich noch in Betrieb befindende Bahnhofskomplex in Deutschland. Er ersetzte den ersten Bahnhof der München-Augsburger Eisenbahn-Gesellschaft nahe dem Roten Tor. Teile dieses Baus dienen heute noch als Straßenbahndepot. Der Kern des heutigen Hauptbahnhofs geht auf Eduard Rüber und das Jahr 1846 zurück. Zwischen 1869 und 1871 erweiterte Friedrich Bürklein den Bau im **Stil des Spätklassizismus** und schuf eine 70 m lange Dreiflügelanlage mit erhöhtem Mittelbau. 1985 wurde der Bahnhof saniert und damals wurden auch die Säulen an der Frontkolonnade wieder angebracht. Auf dem Vorplatz steht, wenn auch nicht während der gegenwärtigen Bauarbeiten, ein **Brunnen** des Augsburger Bildhauers Theo Bechteler.

Seit geraumer Zeit und auf noch unbestimmte Dauer laufen an dem wichtigen Fernbahnhof und Knotenpunkt für den Nahverkehr – allein München wird im Halbstundentakt bedient – Baumaßnahmen. Umplanungen und Verteuerungen verzögerten den Bauprozess enorm. Im Herbst 2023 soll die Teileröffnung des Empfangsgebäudes und der Fußgängerunterführung erfolgen. Dann wird dank der neuen Rolltreppe auch endlich Barrierefreiheit gewährleistet sein. Die Straßenbahnhaltestelle unter dem Bahnhof lässt hingegen noch auf sich warten, da die Linienführung der neuen Linie 5 noch nicht geklärt ist (Infos: www.mobilitaet-weiterdenken.de).

35 Wittelsbacher Park ★ [A7]

Nach dem teilweisen Abriss der Stadtmauer 1860 gab es keine Einschränkungen mehr für das Wachstum der Stadt. Damals entstand südlich des Bahnhofs der etwa 18 ha große **Wittelsbacher Park.** Im Ostteil lichter angelegt, ist der Park im Westteil englischen Parkanlagen nachgebildet. Am Südende liegt der **Rudolf-Diesel-Gedächtnis-Hain,** der 1957 von einem japanischen Industriellen zu Ehren des Erfinders gestiftet wurde.

Im Süden des Parks fällt die **Sporthalle** ins Auge, die 1965 erbaut und während der Olympischen Spiele 1972 genutzt wurde. Das am Hang angelegte **Rosenaustadion** (28.000 Plätze) wurde 1951 auf Schutt des Zweiten Weltkriegs erbaut. Bis 2009 spielte der Fußballclub FCA (s. S. 57) hier. 2014 wurde das schön gelegene Stadion, in dem inzwischen nur noch sporadisch (v. a. Leichtathletik-)Wettbewerbe stattfinden, unter Denkmalschutz gestellt.

050ab Abb.: mb

Unübersehbar ist der **Hotelturm,** von Augsburgern „Maiskolben" genannt. Der mit 118,5 m höchste Bau der Stadt (158 m mit Antenne) entstand im Zuge der Olympischen Spiele 1972 als städtebauliches Vorzeigeobjekt. In seiner Konzeption folgte er den Doppeltürmen der Marina City in Chicago, die 1964 von Bertrand Goldberg erbaut wurde. Zu Füßen des „Maiskolbens" liegt die ebenfalls 1972 eröffnete Veranstaltungshalle **Kongress am Park** (s. S. 78), die heute unter Denkmalschutz steht.

› Gögginger/Rosenaustr., Straßenbahnlinie 1 „Kongress am Park"

⌃ *Einziger Wolkenkratzer Augsburgs: der „Hotelturm"*

36 Pfersee und Herz-Jesu-Kirche ★★ [ag]

Die Auswirkungen der Industrialisierung um 1900 ist an Vierteln wie **Pfersee** besonders gut ablesbar. Einst nur ein kleines, vor den westlichen Toren der Stadt jenseits der Wertach gelegenes Dorf, „explodierte" Pfersee im Laufe des frühen 20. Jh. förmlich, als hier Textil-, Chemie- und Metallwarenfabriken und damit einhergehend Wohnblöcke für die Beschäftigten entstanden. Der Name des Viertels geht wohl auf das keltische „Perz" (Burg bzw. Pforte) zurück. Wahrscheinlich schon zur Römerzeit als wichtiger Brückenort am Flussübergang an der Wertach gegründet, lebten um 1910 rund 11.000 Menschen hier. Ein Jahr später wurde der Ort eingemeindet. Am Westrand entstand neben einem Militärgelände in der Nazizeit eine Außenstelle des Konzentrationslagers Dachau. Dieses Areal übernahm 1945 die US Army und prägte bis zu ihrem Abzug 1998 den Stadtteil. Auf drei Kasernen verteilt, lebten bis zu 17.000 Soldaten (inklusive ihrer Familien bis zu 30.000 Amerikaner) in Augsburg.

Nach Abzug der Soldaten 1998 und Auflösung der Kasernen entstand nach und nach ein Wohnareal mit einer gelungenen, vielseitigen Parkanlage, dem **Westpark**, bestehend aus Sheridan- und Reesepark (s. S. 86). In einem der erhaltenen Bauten im Park, der Halle 116, soll ein „Denkort" entstehen, der an die Funktion der Halle 1944/1945 als Außenlager des KZ Dachau erinnern soll. Bereits eingerichtet wurde hier das **Amerika-Haus Augsburg** (Bldg. 116, Karl-Nolan-Str. 2–4, https://amerika-haus-augsburg.de), das über die Rolle der US-amerikanischen Soldaten für die Stadt zwischen 1945 und 1998 informiert (siehe dazu auch www.amerika-in-augsburg.de).

Die im späten 17. Jahrhundert erbaute kleine Barockkirche **St. Michael** wurde für das wachsende Viertel schnell zu klein, deshalb entstand 1907 bis 1910 die mächtige, 72 m lange und weithin sichtbare katholische Stadtpfarrkirche **Herz Jesu**. Im spätromanisch-historisierenden Stil gestaltet, ist allein der 72 m hohe Turm ein Unikum. Dazu kommt die Innenausstattung, die Herz Jesu zur größten und **bedeutendsten Jugendstilkirche Süddeutschlands** macht. Man orientierte sich dabei weniger am floralen Stil Münchens als vielmehr am geometrischen Sezessionsstil Wiens. Neben dem Kunstschmied Anton Rehle waren die Maler Christoph Böhner, Karl Baur und Theodor Baierl sowie die Baur-Brüder (Stuck) und Karl Stängele (Skulpturen) hier tätig.

Augsburg liefert nach Westafrika

Die Christian Dierig GmbH ist in Pfersee zuhause. Sie ist eine von wenigen Firmen weltweit, die edelste Damaste nach Westafrika, v. a. Mali, vermarktet. Die hochwertigen, jacquardgewebten, extrem dünnen Baumwollstoffe werden großteils als Rohware, gelegentlich bereits gefärbt und buntgewebt, in die Zielregion geliefert und dort zu aufwendigen Boubous, traditionellen Festtagsgewändern für Männer, oder anderer Kleidung verarbeitet. Die Veredelung zum „Bazin Riche" erfolgt meist vor Ort: Batteure – ein eigener Beruf – bewirken durch Klopfen, dass der Stoff schimmernden Glanz erhält und „knistert".

› www.christian-dierig.de

134ab Abb.: mb

Herausragend ist der **Chor** – prächtig ausgemalt und ganz in Gold strahlend mit Christus und Heiden, die sich gerade zum Christentum bekehren. Eine der Figuren ist übrigens ein Indianerhäuptling, den man als „Winnetou“ deutet, denn in die Entstehungszeit des Bildprogramms fielen die Erstveröffentlichung von Karl Mays „Winnetou IV“ (Winnetous Erben) in der Augsburger Postzeitung und einem Vortrag Mays in Augsburg. Dafür spricht auch die Tatsache, dass der damalige Pfarrer Anton Schwab Karl-May-Fan war.

Weitere Besonderheiten des Gotteshauses sind die große, kontinuierlich erweiterte **Weihnachtskrippe** aus dem Jahr 1930 und die wunderschön geschmückten Christbäume.

› **Herz-Jesu-Kirche**, Augsburger Str. 23a, www.herzjesu-augsburg.de, Straßenbahnlinie 3 „Herz Jesu“, auch Führungen und Konzerte, tgl. 9 bis ca. 18 Uhr (je nach Gottesdienstzeiten)

Ausflüge

Wer mehr Zeit hat, zum wiederholten Mal da ist oder bei An- oder Abreise noch etwas vom Umfeld der Stadt sehen möchte, sollte einige Ausflüge einplanen. Kürzere – mit der Straßenbahn erreichbare – Ziele im südlichen Stadtgebiet bieten sich ebenso an wie Ausflüge in die „Stauden“ oder in den „Wilden Westen“ …

Südlich, direkt vor den Toren der Innenstadt, beginnt der Siebentischwald, Augsburgs Erholungspark und Trinkwasserreservoir, an den sich die Lechheiden (s. S. 52), zwei wichtige Naturschutzgebiete, anschließen. Im Süden befinden sich auch das Universitätsviertel und das Fußballstadion.

Westlich der Stadt schließt sich eine Region an, die „Schwäbischer Pfaffen-

Perfekt für den Morgenspaziergang: der Siebentischwald

MEIN TIPP

Die Lechheiden

Wie der **Siebentischwald** 37 gehören auch die **Lechheiden** zum grünen Umfeld im Süden der Stadt. Im Laufe der Jahrhunderte waren die Kiefernwälder einer fast baumlosen Ebene gewichen, die einst als Sommerweide für Wanderschäfer galt. Heute stehen die wenigen erhaltenen Reste unter Naturschutz und bilden ein Refugium, dessen Tier- und Pflanzenwelt zu den artenreichsten Mitteleuropas gehört. Stadtnah gelegen ist die **Dürrenastheide,** die größte ist die etwa 50 ha umfassende Königsbrunner Heide.

Seit 2020 steht auch die **Haunstetter Flugplatzheide** unter Naturschutz. Die Schotterböden hatten hier Landwirtschaft unmöglich gemacht, daher wandte man sich der Wanderschäferei zu, die im Lauf der Jahrhunderte für großen Artenreichtum sorgte. Ab 1916 kam es zur Bebauung. Zunächst errichtete der Flugzeugbauer Rumpler einen Flugplatz, der 1968 aufgegeben wurde. Daraufhin wurden Projekte wie der Bau der Universität und des Univiertels realisiert. Später kamen Gewerbebauten und das Bayerische Landesamt für Umwelt (LfU) dazu. Heute sind von rund 200 ha Heidelandschaft nur etwa 8 ha übrig.

- **16** [ci] **Dürrenastheide**, Beim Dürren Ast, Straßenbahnlinie 2 „Beim Dürren Ast", http://lpv-augsburg.de/lebensräume/lechheiden
- **17** **Haunstetter Flugplatzheide**, Bürgermeister-Ulrich-Straße, Straßenbahnlinie 3 „Innovationspark/LfU"

winkel", genannt wird, eine gewachsene Kulturlandschaft mit dörflichem Reiz rund um das Kloster Oberschönenfeld. Über 2500 km Wander- und Radwege durchqueren das waldreiche Gebiet der „Stauden", wie der Südteil des Naturparks Augsburg – Westliche Wälder genannt wird. Da hier neben den Wurzeln der Fugger auch die der Mozarts liegen, nennt man die Stauden auch „Mozartwinkel".

Im Osten beginnt das Wittelsbacher Land mit Friedberg, Gut Mergenthau und Unterwittelsbach mit dem Sisi-Schloss. Wer die Wahl hat, hat die Qual.

37 Siebentischwald ★★ [ch]

1872 entstand im Süden der Stadt eine Parkanlage für die Bürger im Stil eines Englischen Gartens: die **Siebentischanlagen.** Dieser naturnah angelegte Parkstreifen mit dichtem Baumbestand, Grasflächen, Seen, Kanälen und Spazierwegen ist etwa 1,5 km lang und bis zu 250 m breit und erstreckt sich zwischen Sportanlagen bzw. Kleingärten an der Haunstetter Straße und Botanischem Garten/Zoo. Man darf ihn nicht mit dem eigentlichen Siebentischwald, dem Nordteil des **Augsburger Stadtwalds,** verwechseln.

Der Stadtwald ist Bayerns größter zusammenhängender Auwald und kann nicht nur mit ungewöhnlicher Flora und Fauna aufwarten, sondern auch mit einem wegweisenden Beweidungsprojekt mit **Przewalski-Wildpferden.** Der Kern des Areals geht auf Kurfürst Max Emanuel von Bayern zurück, der den Haunstetter Wald als Pfand für ein Darlehen der Stadt übergab. Daraus entwickelte sich im Lauf der Zeit der knapp 22 km² große Stadtwald, der zudem als wichtiges Trinkwasserschutzgebiet fungiert. Vom Zoo aus reicht er südwärts bis zur Königsbrunner Heide, im Osten bis zum Kuhsee und im Westen wird er vom Stadtteil Haunstetten begrenzt. Innerhalb des Stadtgebiets nennt man ihn **Siebentischwald,** wobei der Name dieses etwa 660 ha großen Areals auf ein im Zweiten Weltkrieg zerstörtes Ausflugslokal mit anfangs sieben Tischen zurückgehen soll. Der Siebentischwald ist Augsburgs beliebtes **Naherholungs- und Freizeitareal** mit unzähligen Rad-, Spazier- und Laufwegen sowie Botanischem Garten 38, Zoo 39, Kuhsee 40 und Stempflesee sowie dem beliebten Ausflugslokal Parkhäusl (s. S. 70).

Wo die Siebentischanlagen in den Siebentischwald übergehen, steht auf Höhe des Zoos seit 1908 der **Schaezler-Brunnen.** Er wurde zu Ehren von Edmund Freiherr von Schaezler errichtet, der Geld gespendet hatte.

› Anfahrt: Straßenbahnlinie 2 „Berufsschule" bzw. s. Botanischer Garten 38

38 Botanischer Garten ★★ [ch]

Am Übergang von Siebentischanlagen und Siebentischwald befindet sich der Botanische Garten. Er entstand 1936 aus der Stadtgärtnerei und ist inzwischen auf rund 10 ha angewachsen. Zum Stadtjubiläum 1985 fand hier die **Landesgartenschau statt,** die damals erfolgte Neugestaltung und Expansion ist bis heute bildbestimmend. Für Blütenpracht ist aufgrund der unzähligen Pflanzenarten und -sorten fast ganzjährig gesorgt, doch die wahren Highlights sind der von japanischen Architekten und Gärtnern geplante **Japangarten** und das Pflanzenschauhaus **„Pflanzenwelt unter Glas".** In dieses moderne Gewächshaus mit tropischen Pflanzen wurde das historische Victoria-Regia-Haus integriert, das nach einer Riesenseerose in einem dort beherbergten Teich benannt ist. Im Winter ist der Teich überdeckt, dann steht hier eine **Rundkrippe,** deren Gestaltung Woche für Woche an den Fortlauf der Ereignisse in der Weihnachtsgeschichte angepasst wird. Denkmalgeschützt sind ein **Gusseisenbrunnen** (um 1900) und ein **Gartenpavillon** (1869), der aus einer Villa im Textilviertel hierher versetzt wurde.

Abgesehen von Blütenpracht und Artenvielfalt ist das Besondere am Botanischen Garten sein **Praxisbezug,** d. h. die Existenz vieler Abteilungen, die auch dem Hobbygärtner Anregungen bieten. Ein idealer Platz

Der Japangarten ist ein echtes Idyll

133ab Abb.: mb

zum Erholen ist das Areal zwischen dem zum Teich aufgestauten Lechkanal und der großen Spielwiese – hier befindet sich auch ein Biergarten. Das ganze Jahr über finden verschiedenste Veranstaltungen – Führungen, Seminare, Workshops, Konzerte (Augsburger Jazzsommer, s. S. 88), Tanz, Feste (wie japanisches Frühlingsfest oder Kinder-Friedensfest), Ausstellungen u. v. m. – statt. Es läuft eine Spendenaktion für ein neues Sukkulentenhaus. Bereits im April 2023 eröffnete das neue Umweltbildungszentrum (UBZ), Sitz der Umweltstation Augsburg, in direkter Nachbarschaft.

› Dr.-Ziegenspeck-Weg 10, Buslinie 32 (Endstation „Zoo/Bot. Garten"), www.augsburg.de/freizeit/ausflugsziele/botanischer-garten, jahreszeitlich variierende Öffnungszeiten, 9 bis mind. 17 Uhr, 3,50 €, Familienkarte 7 €, bei Beleuchtungsabenden +1 €.

•18 [ch] **Umweltbildungszentrum Augsburg** ♲, neben Eingang Botanischer Garten, https://us-augsburg.de. Zahlreiche Führungen und Veranstaltungen zu Nachhaltigkeit und Umwelt in der Stadt.

39 Zoo Augsburg ★ [ch]

Einen Steinwurf vom Botanischen Garten entfernt liegt der Zoo. Auf weitläufigem Gelände sind **ca. 1250 Tiere** aus etwa **250 Arten** zu Hause. Im Zentrum befindet sich eine ungefähr 3 ha große Freifläche, auf der Tiere fast wie in freier Wildbahn leben – eine der größten ihrer Art in Europa. Die Elefanten- und die Schimpansenanlage wurden kürzlich umfassend erneuert.

Highlights wie die Dschungelnacht, der Streichelzoo, das Alpenland, eine Mini-Eisenbahn und moderne Tierhäuser wie das Reptilienhaus locken v. a. Familien an, zumal sich der Zoobesuch gut mit dem im nebenan liegenden Botanischen Garten 38 verbinden lässt (gemeinsame Parkplätze) – und auch der Siebentischwald 37 nah ist.

› Brehmplatz 1, Buslinie 32 („Zoo/Bot. Garten"), www.zoo-augsburg.de, tgl. von 9 bis mind. 16.30 Uhr, 14 € (Sommer), 12 € (Winter)

40 Hochablass und Kuhsee ★ [dh]

Am östlichen Rand des Siebentischwalds befindet sich der **Kuhsee.** Augsburgs beliebter „Badeweiher" ist ein künstlich geschaffener See, durch den ein Grundwasserstrom läuft. Seit 1951 steht das östliche Lechufer unter Landschaftsschutz, 1967 kamen Pläne zum besseren Hochwasserschutz und für die Ausweisung eines Trinkwasserschutzgebiets westlich des Lechs auf den Tisch. Nach dem letzten großen Hochwasser im August 1970 wurde ein **Hochwasserschutzdamm** errichtet. Durch die dafür nötige Kiesgewinnung aus dem Altwasserarm des am Hochablass aufgestauten Lechs entstand der Kuhsee. Seinen Namen erhielt er, weil auf dem Areal einst Kühe weideten. Im **Sommer** kann es am Seeufer mit großem Spielplatz eng werden und selbst im **Winter** ist der Kuhsee ein beliebtes Ausflugsziel, denn auf dem zugefrorenen See kann man Schlittschuh laufen, Pond Hockey spielen oder sich im Eisstockschießen messen.

Im Norden, wo der Damm den Kuhsee vom Lech trennt, befindet sich das mächtige Wehr des **Hochablasses.** Schon seit dem 14. Jh. wird hier ein Kanal in die Stadt abgeleitet. Von diesem zweigen innerhalb des Stadtgebiets kleinere Kanäle ab, die für die damalige Wasserversorgung wichtig waren. Erst im 17. Jh. entstand ein hölzernes Wehr, das jedoch immer wieder durch Hochwasserkatastrophen und 1793 durch ein von abziehenden französischen Truppen gelegtes Feuer zerstört wurde. 1911 wurde die Konstruktion einer Wehranlage aus Stahlbeton in Angriff genommen. Ab 1879 entstand in direkter Nähe zu Hochablass und Eiskanal 41 über dem Neubach ein architektonisch sehenswertes Industriedenkmal: das **Wasserwerk am Hochablass** nach Plänen von Architekt Karl Albert Gollwitzer im spätklassizistischen Stil. Es garantierte erstmals moderne Wasserversorgung und höchste Qualitätsstandards. Das reine Grundwasser des Stadtwalds ersetzte Quellwasser, Druckkessel lösten die alten Wassertürme ab, gusseiserne Rohre die hölzernen Wasserleitungen. Vorausgegangen waren bahnbrechende Grundwasserforschungen von Max von Pettenkofer. Erstmals wurde das gesamte Stadtgebiet mit allen Haushalten samt Obergeschossen mit hygienisch unbedenklichem Wasser versorgt.

Dampfmaschinen- und Kesselhaus von 1885, der Verbindungsbau von 1935 und der Gewölbekeller, alte Pumpensysteme, Kessel, Generatoren und Turbinen in Topzustand geben noch heute ein gutes Bild von der Funktionsweise des 1973 stillgelegten Werks.

› **Kuhsee**, Oberländerstr., Bushaltestelle (Buslinien 29/30, „Hochzoll/Kuhsee“), mit See-Lounge am Ostufer (dort auch Bootsverleih), außerdem „Schwarze Kiste“-Biergarten am Lechufer (s. S. 70), WC-Anlagen, Badestrand und großer Spielplatz

•19 [dh] **Wasserwerk am Hochablass,** https://wassersystem-augsburg.de/de/objekte/wasserwerk-am-hochablass, März–Nov. 1. So. im Monat 12–17 Uhr, Führung 15 Uhr

41 Augsburger Eiskanal ★★ [dh]

Für die Kanuslalom-Wettbewerbe der **Olympischen Spiele 1972** entstand im Westen des Hochablasses der Augsburger Eiskanal. Zwischen 1970 und 1971 erbaut, war der 660 m lange Kanal mit seinen Betonfelsen die erste künstlich geschaffene Wildwasserstrecke der Welt. Noch immer finden hier hochklassige Wettbewerbe statt und das **Bundesleistungszen-**

⊡ *Austragungsort internationaler Wettbewerbe: der Augsburger Eiskanal*

154ab Abb.: mb

trum für Kanuslalom und Wildwasser befindet sich hier. Es können jedoch auch Hobbykanuten Tagestickets erwerben. Anlässlich der **Kanu-WM 2022** stellte man die Anlage unter Denkmalschutz und ließ sie grundlegend renovieren.

Die **Kanustrecke** beginnt nahe dem Hochablass und folgt zunächst dem Hauptkanal nordwärts. Dann zweigt der künstlich angelegte Wildwasserkanal ab und mündet nach dem Zieleinlauf der Kanustrecke wieder in den Lech. Im Sommer lässt es sich auf den begrünten Zuschauerrängen gemütlich sitzen und dem sportlichen Treiben im kalten Wasser zusehen.

- **Bundesleistungszentrum für Kanuslalom und Wildwasser,** Am Eiskanal 30a, Straßenbahnlinie 6 („Eiskanal", kurzer Fußweg), www.augsburg.de/freizeit/sport/sportstaetten/eiskanal
- **Kanu Schwaben Augsburg** – www.kanu-schwaben-augsburg.de
- **Augsburger Kajak Verein** – www.akv-online.de

42 Kurhaustheater Göggingen ★ [ai]

1886 ließ Friedrich Hessing zur Unterhaltung der Patienten seiner Hessing-Kuranstalt nach Plänen von Jean Keller (1844–1921) das sehenswerte Kurhaustheater errichten. Es entstand aus **gusseisernen Fertigelementen** und **Glas** im Stil eines Palmenhauses und ist das einzig erhaltene Theater dieses Stils in Europa. Außer Glas kamen Gold und orientalisches Dekor zum Einsatz, tropische Pflanzen wurden aufgestellt und schon damals war es Patienten in Rollstühlen oder auf Liegen möglich, das Theater zu besuchen. Bis 1946 wurde die Bühne genutzt – zuletzt als Kino –, in den 1960er-Jahren verfiel der Bau und 1972 verursachte Brandstiftung schlimme Schäden. 1974 erwarb die Stadt das Gebäude und ließ es renovieren, die Wiedereröffnung erfolgte mit viel Pomp 1996.

Nur wenige Schritte vom Kurhauspark entfernt verteilen sich westlich der Bürgermeister-Aurnhammer-Straße, die die Gögginger Hauptachse darstellt, insgesamt sieben (v. a. orthopädische) **Kliniken der Hessing-Stiftung** auf begrüntem Gelände. Die Institution war 1868 von Friedrich Ritter von Hessing, einem Pionier auf dem Gebiet der Orthopädietechnik, als Kur- und Heilanstalt ins Leben gerufen worden und erlangte rasch hohes Ansehen. Zu den sehenswerten Bauten gehört die neugotische **Hessingburg** (Hessingstr. 17), das ehemalige Gästehaus. Sie wurde von Jean Keller zwischen 1887 und 1893 erbaut. Ein paar Jahre später folgte nach einer großzügigen Spende des russischen Zaren die Hessing-Anstaltskirche **St. Johannes** (Wellenburger Str. 12).

- **Parktheater im Kurhaus Göggingen,** Klausenberg 6, www.parktheater.de. Veranstaltungen aus allen Bereichen, u. a. Kabarett-Open-Air im Juli und Konzerte sowie Lesungen in exquisitem Ambiente.

43 Universitätsviertel ★ [bi]

Am südlichen Stadtrand befand sich einmal der **Alte Flugplatz**. Er war 1916 entstanden und wurde auch von der Firma Messerschmitt genutzt – einer der Gründe, warum Augsburg im Zweiten Weltkrieg immer wieder bombardiert wurde. Nach dem Krieg verwendete die U.S. Army den Flugplatz, 1968 wurde er aufgegeben. Auf dem Gelände entstand dann der Campus der 1970 gegründeten Universität Augsburg. Diese war zu Anfang in der Memminger Straße im Stadtteil Gög-

FC Augsburg

Seit der 1907 gegründete FCA wieder in die Bundesliga zurückgekehrt ist – 2006 gelang der Aufstieg in die Zweite, 2011 der Sprung in die Erste Liga (bis dato) – und in der WWK Arena spielt, ist die ganze Region euphorisiert. Viele Jahre hatte es „Fußballmagerkost" gegeben, und das, obwohl der FCA eine deutsche Traditionsmannschaft ist, die durchaus Erfolge aufweisen kann: Siebenmal war man Bayernligameister – ein Rekord –, zweimal Zweitligameister (1961, 1974) und einmal Regionalligameister 2006. Die größten Erfolge waren aber der Aufstieg in die Topliga 2011 sowie der Einzug ins Pokalhalbfinale im Jahr 2010.

In der Nachkriegszeit immer erst- oder zweitklassig, rutschte der Verein 1964 in die Bayernliga (damals 4. Liga) ab. Eine erste Blüte erlebte der FCA – wie man sich seit dem Zusammenschluss von BCA und Schwaben Augsburg im Jahr 1969 nennt – unter Helmut Haller (s. S. 105). Nach dem Aufstieg in die 2. Liga (1973) verpasste man ein Jahr später nur knapp den Aufstieg. Haller war der berühmteste Fußballer aus Augsburg. 1966 wurde er mit der Nationalmannschaft Vizeweltmeister und spielte 1962 bis 1973 erfolgreich in Italien (FC Bologna, Juventus Turin). Nach seinem Karriereende 1979 begannen für den FCA schwierige Zeiten: Stets knapp vor dem finanziellen Aus, rettete erst das Engagement von Walther Seinsch den Verein vor dem Ruin.

Seither gelang dem FCA finanziell und sportlich ein ungeahnter Aufstieg. Dazu hat man sich inzwischen auch wieder der einst hervorragenden Jugendarbeit verschrieben. Immerhin war der FCA 1993 Jugendmeister und sogar viermal Jugend-Pokalsieger – ebenfalls ein Rekord.

So mancher berühmte Fußballer oder Trainer wie Bernd Schuster, Armin Veh, Raimond Aumann, Christian Hochstätter, Karl-Heinz Riedle oder Thomas Tuchel hat beim FCA erste Lorbeeren verdient.

› **FC Augsburg:** www.fcaugsburg.de, www.fca-fanshop.de/stores

› **FCA-Fankneipe und FCA-Fanshop am Stadion,** Kneipe während Heim- (2½ Std. vor Anpfiff) und Auswärtsspielen (Public Viewing ab 1 Std. vor Anpfiff) geöffnet, Shop Mo.–Do. 9.30–18, Fr. 9.30–15.30 und bei allen Heimspielen ab 3½ Std. vor Anpfiff

•**20** [C5] **FCA 1907,** Bahnhofstr. 7, Mo.–Fr. 10–18.30, Sa. 9–16 Uhr. Fanshop, der Souvenirs und Tickets anbietet.

120ab Abb.: mb

gingen untergebracht, ehe man 1977 den ersten Neubau auf dem Campus beziehen konnte. Der **Universitätscampus** ist großzügig angelegt und wird von einer ausgedehnten Parkanlage mit zwei großen Teichen und verstreuten Kunstwerken umgeben. Die sogenannte **„Kunst am Campus"** umfasst inzwischen über 30 Skulpturen, die man auf unterschiedlichen Rundgängen bewundern kann.

Heute studieren in Augsburg **rund 20.000 Studenten** an insgesamt **acht Fakultäten.** Obwohl etwas ab vom Schuss gelegen und nicht richtig ins „Stadtleben" integriert, ist der Campus mit der Straßenbahn gut an die Innenstadt angebunden. Er wird beständig südwärts ausgebaut und andere Einrichtungen, mit denen die Uni kooperiert, wie das Bayerische Landesamt für Umwelt, das Bukowina-Institut, das Fraunhofer-Institut und das Kompetenzzentrum Umwelt Augsburg-Schwaben (KUMAS) sowie Sportanlagen kamen bereits dazu. Seit 2019 wird ein Modellstudiengang Humanmedizin angeboten, für den am Universitätsklinikum im Nordwesten der Stadt die nötige Infrastruktur entstanden ist.

› Universitätsstr. 2, Straßenbahn 3 „Universität", www.uni-augsburg.de

› **Kunst am Campus,** www.uni-augsburg.de/de/campusleben/musik-kultur/kunstamcampus1

MEIN TIPP

Edle Getränke im Augsburger Umland

Wenige Kilometer westlich von Oberschönenfeld lohnt ein Abstecher nach Ustersbach. Abgesehen von der mehrfach ausgezeichneten **Brauerei Ustersbach** (www.ustersbacher.com) mit empfehlenswertem Bräustüble (www.ustersbacher-braeustueble.com) ist die **Brennerei Zott** einen Besuch wert. Hier entstehen einzigartige Edelobstbrände, Liköre, Cidre und auch Whiskey. Die Brennerei wird von familieneigenen Obstfeldern und -bäumen im Umland beliefert und von der promovierten Önologin Katharina Zott geleitet. Im zugehörigen Hofladen kann man auch Obst, Gemüse und regionale Produkte kaufen.

21 **Destillerie Zott**, Hauptstr. 32, Ustersbach, https://zott-destillerie.de, Mo.–Do. 13–18, Fr., Sa. 9–12 Uhr. Führungen, Verkostungen und Workshops.

44 WWK Arena ★

Der Campus der Universität Augsburg endet in Sichtweite der WWK Arena. Das Fußballstadion ist seit 2009 die **Heimat des FC Augsburg** (s. S. 57), vorher fanden Fußballspiele im **Rosenaustadion** statt. Das „neue" Stadion liegt jetzt zwar weit im Süden, das stört jedoch wenig, da ein Großteil der Besucher eh aus dem Umland kommt. Für die Städter ist die Anfahrt mit der „Stadion-Tram" zu einem vergnüglichen Ritual geworden. Neben Spielen des FC Augsburg finden gelegentlich auch internationale Begegnungen statt.

Das **Fußballstadion**, das derzeit mit einem Fassungsvermögen von 30.660 Zuschauern aufwartet, kostete rund 45 Mio. Euro. Die Stadt stellte das Gelände zur Verfügung und sorgte für die Infrastruktur. 25 Mio. Euro kamen von einer Gruppe um den vormaligen FCA-Präsidenten Walther Seinsch, 5 Mio. Euro vom Freistaat Bayern und 15 Mio. Euro wurden als Kredit aufgenommen. In einem Punkt ist die Arena weltweit ungewöhnlich: Es handelt sich um das erste klimaneutrale Fußballstadion der Welt. Dazu gehören ein modernes Trainingszentrum mit einem Kunstrasen- und zwei Rasenplätzen sowie Räumlichkeiten für die Geschäftsstelle. Die Fassade ist außergewöhnlich: Wie ein offenes Gitter aus zufällig angeordneten Mikadostäben erstrahlen am Abend Leuchtröhren in den Vereinsfarben Rot-Grün-Weiß, bei einem FCA-Sieg nur in Grün.

› Bürgermeister-Ulrich-Str. 90 (an der B17), bei Spielen Stadionlinie 8 bis „Fußball-Arena" ab Hbf. bzw. Kö, www.fcaugsburg.de („Stadion")

45 Das Gaswerk ★★

Das Gaswerk im alten Arbeiterviertel Oberhausen zählt zu den wenigen erhaltenen Anlagen dieser Art in Europa und steht unter **Denkmalschutz**. Zum 1915 eröffneten Komplex gehören ein Ofenhaus, ein Behälterturm, eine Elektrozentrale, Werkstätten, ein Sauger- und ein Apparatehaus, Reinigergebäude, Wohn- und Bürogebäude, zwei Teleskop-Gasbehälter – die einzigen noch erhaltenen weltweit – und der 1954 erbaute, weithin sichtbare Scheiben-Gasbehälter – **Gaskessel** genannt. Zunächst wurde hier Gas aus Steinkohle produziert, ab 1978 dann Erdgas. Im Rahmen von Führungen kann man heute auf den 84 m hohen Gaskessel hinaufsteigen und den grandiosen Ausblick genießen.

Nachdem einige der alten Bauten schon abgerissen worden waren, ist es dem damaligen Stadttheater zu verdanken – dieses nutzte das Ofenhaus als Requisitenlager –, dass heute noch historische Bauten erhalten sind. 2001 wurde das Gaswerk im Stadtteil Oberhausen stillgelegt, 2017 gestalteten dann die Stadtwerke Augsburg das Industriedenkmal zum Kultur- und Kreativquartier um. Heute steht es unter Denkmalschutz. Seit 2019 ist der Nachfolger der Brechtbühne, die **Brechtbühne im Gaswerk** als Ausweichspielstätte des Staatstheaters 12, hier untergebracht. Dazu kamen das **Restaurant Ofenhaus** mit Biergarten, ein Parkhaus sowie Ateliers und Werkstätten für Kunstschaffende. Weiterer Platz für Letztere entstand zudem in der „Musikbox", einem neuen Gebäude mit Proberäumen für Bands. Freiflächen für Open-Air-Konzerte und Festivals wie das **Modular Festival** (Juni, s. S. 87), **kunstWERK Open Air** (Juli, s. S. 88) und **SummerStage** (Aug.) sind ebenfalls vorhanden.

› August-Wessels-Straße 30, www.gaswerkaugsburg.de. Anfahrt: Mo.–Fr. Buslinie 21 „Gaswerk", sonst „Auerstraße" (5 Min. Fußweg), Tram 2 (Oberhauser Bf., ca. 15 Min. Fußweg). Verschiedene Führungen, z. B. historische Tour, Ofenhaus- oder Atelier-Tour (März–Okt., am 3. So. im Monat gratis nach Anmeldung unter www.gaswerkaugsburg.de/erleben/fuehrungen), Aufstieg zum Gaskessel und sehenswertes kleines Museum.

› **Restaurant Ofenhaus**, Tel. 65098498, https://restaurant-ofenhaus.de, Mi.–So. 18–24 Uhr

155ab Abb.: mb

▷ *Neues Kreativviertel in Augsburg: das Gaswerk*

46 Kloster Oberschönenfeld ★★

Die Zisterzienserinnenabtei Oberschönenfeld ist eines der ältesten Frauenklöster in Deutschland. Zwar wird als Gründungsjahr 1211 angegeben, doch schon seit dem 12. Jh. gab es in der Region klösterliche Frauengemeinschaften. Eine päpstliche Urkunde von 1248 bestätigt offiziell das Kloster, das während des Dreißigjährigen Kriegs zerstört wurde. Kirche, Konvent und Wirtschaftsgebäude entstanden zwischen 1718 und 1763 im Barockstil neu. Die prachtvoll ausgestaltete **Abteikirche Mariae Himmelfahrt**, geplant von dem Vorarlberger Architekten Franz Beer (1660–1722), ist ein schönes Beispiel für den süddeutschen Barock.

Wie andere Klöster wurde auch Oberschönenfeld 1803 säkularisiert, doch schon 1836 hob der bayerische König Ludwig I. die Säkularisierung auf und 1918 wurde Oberschönenfeld wieder zur Abtei erhoben. 1951 gründeten Missionarinnen aus Oberschönenfeld ein Kloster in Itararé in Brasilien. Heute besteht die Augsburger Klostergemeinschaft aus etwa 25 Schwestern. Das in der **Bäckerei** hergestellte Holzofenbrot ist weit über Augsburg hinaus berühmt (dazu werden Säfte, Käse, Wurst, Honig u. a. Schmankerl verkauft) und im **Klosterladen** gibt es diverse (auch alkoholische) „Spezialitäten", v. a. aber religiöse Souvenirs und Literatur. Im **Klosterstüble** (mit schönem Biergarten) setzt man auf handfeste regionale Kost.

Das **Schwäbische Volkskundemuseum** zeigt neben einer Dauerausstellung im Obergeschoss zum ländlichen Alltagsleben vom 19. bis ins 20. Jh. in der Region regelmäßige Sonderausstellungen. Im ehemaligen Schafstall befindet sich ein Besucherzentrum mit Museumsshop und WCs. Nebenan, im ehemaligen Bräumeisterstadel mit sehenswertem Dachstuhl, residiert die **Schwäbische Galerie** und zeigt Ausstellungen zum historischen und zeitgenössischen Kunstschaffen der Region.

Ein kurzer Spaziergang Richtung Wald – Ausgangspunkt für Wanderwege und einen Waldlehrpfad – vorbei an einem Kinderspielplatz führt zum **Bauernmuseum Staudenhaus.** 1980 wurde das letzte erhaltene strohgedeckte Bauernhaus aus Döpshofen hierher umgesetzt und heute kann man hier mehr über das Leben der Kleinbauern im 19. und frühen 20. Jh. erfahren.

Das Kloster liegt nicht nur am Jakobusweg, dem Pilgerweg nach Santiago de Compostela, sondern auch malerisch mitten im Naturpark Augsburg – Westliche Wälder. Deshalb wurde im Wirtschaftsgebäude des Klosters, in dem sich auch die Bäckerei befindet, das **Naturpark-Haus** mit Ausstellungen und Dioramen über Flora und Fauna des Naturparks eingerichtet. Darüber hinaus finden das ganze Jahr über Veranstaltungen statt, besonders beliebt sind der Töpfermarkt Anfang Juli und der Weihnachtsmarkt am 3. Adventswochenende.

› **Zisterzienserinnenabtei Oberschönenfeld**, nahe Gessertshausen (ausgeschildert), https://abteioberschoenenfeld.de, mit Klosterstüble (mit Biergarten, Di.–So. 11–21 Uhr, www.kloster-ob.de), Kloster- und Brotladen (Di.–Sa. 9.30–17, So. 10–17 Uhr, Brotladen Di.–Fr. 9.30–17, Sa. 9.30–13 Uhr)

› **Volkskundemuseum, Schwäbische Galerie, Naturpark-Haus** 🍀, Di.–So. 10–17 Uhr, https://mos.bezirk-schwaben.de, 4 €

› **Bauernmuseum Staudenhaus**, April–Okt. Sa., So. 13–17 Uhr, 1 €

111ab Abb.: mb

Augsburg für Kunst- und Museumsfreunde

Seit dem Mittelalter hat Augsburg herausragende Künstler und Kunsthandwerker unterschiedlichster Genres hervorgebracht – man denke an Hans Holbein, Elias Holl oder Bert Brecht. Zudem sind Gemälde, Drucke und Stiche, Gold- und Silberschmiedearbeiten oder Stoffdruck nicht nur in Augsburg selbst, sondern weltweit in Museen vertreten. Obwohl sich nach der Säkularisation von 1803 München als bayerische Kunstmetropole etabliert hat, blüht inzwischen auch in Augsburg die Kunstszene wieder auf.

Augsburg beruft sich nicht nur auf seine römischen Wurzeln, man erinnert in sehenswerten Museen und mit Sonderausstellungen auch an die künstlerische Bedeutung der Stadt zwischen Mittelalter, Renaissance und Barock/Rokoko. Zudem wird die wirtschaftliche Rolle der Stadt z. B. im Maschinenbau (MAN) und ganz besonders im Textilgewerbe betont.

Zu den **Kunstsammlungen und Museen Augsburg** zählen mehrere Institutionen: Römisches Museum (s. S. 64), Maximilianmuseum ❸, Schaezlerpalais ❻ mit der Deutschen Barockgalerie und der Grafischen Sammlung, Leopold-Mozart-Haus ㉑, Neue Galerie im Höhmannhaus (s. S. 64) sowie das H2-Zentrum für Gegenwartskunst (s. S. 63) im Glaspalast. Alle sind in historischen, denkmalgeschützten Gebäuden untergebracht. Der Eintritt kostet in den größeren Museen einheitlich 7 € (erm. 5,50 €), dazu gibt es in einem weiteren Museum an den zwei folgenden Tagen 50 % Ermäßigung. Sonntags kosten die vier großen Museen der Kunstsammlungen – Schaezlerpalais ❻, Maximilianmuseum ❸, H2 (s. S. 63) und Römerlager (s. S. 24) – keinen Eintritt und Menschen unter 27 Jahren bezahlen dort generell nichts. Auch das Hotelticket der AVV (s. S. 115) bietet Ermäßigungen. Der Eintritt in das Grafische Kabinett und die Neue Galerie im Höhmannhaus sind immer gratis.

› **Kunstsammlungen und Museen Augsburg,** Maximilianstr. 46, Tel. 3244102, www.kunstsammlungen-museen.augsburg.de

› **Lange Kunstnacht** (www.langekunstnacht.de): An einem Sa. im Juni finden überall in der Stadt Aufführungen, Konzerte, Touren und Aktionen unter einem speziellen Motto statt, die mit einem Sammelticket besucht werden können.

◁ Vorseite: Der Plärrer, das beliebte Augsburger Volksfest, findet um Ostern und im Herbst statt (s. S. 87)

Museen

★**22** [A6] **Architekturmuseum Schwaben / Zentrum für Architektur Augsburg,** Thelottstr. 11, https://buchegger-stiftung.de. In der Villa des Architekten Sebastian Buchegger (1870–1929) im Thelottviertel – einer Gartenstadtsiedlung, die dieser ab 1905 plante – wird aktuell das Archiv zur Erforschung und Dokumentation der Architekturgeschichte Schwabens neu gestaltet. Die Eröffnung ist für 2025 geplant. Ein Spaziergang durch das Viertel lohnt sich wegen der Jugendstilarchitektur bereits jetzt.

23 [bh] **Bahnpark Augsburg,** Firnhaberstr. 22, www.bahnpark-augsburg.de, Mai–Okt. So. 10–16 Uhr, 9 €. In der „Welt der Lok" sind Lokomotiven und Waggons, eine Drehscheibe sowie eine Dampflokwerkstatt zu sehen. Es gibt eine Ausstellungshalle und eine Modelleisenbahn und es werden Sonderfahrten veranstaltet.

24 [D4] **Brechthaus.** Geburtshaus von Bertolt Brecht mit Originalausstattung und Erinnerungsstücken (s. S. 37).

› **Die Kiste,** Museum der Augsburger Puppenkiste 27 mit nachgebauter Werkstatt, Filmen, Kulissen und Marionetten (s. S. 38).

16 [C3] **Diözesanmuseum St. Afra.** Romanische Plastiken und sakrale Objekte ab dem 9. Jh. (s. S. 32).

M 24 [H5] **Feuerwehrerlebniswelt,** Martini-Gelände, Zugang über Hanreiweg (Bus 33 „Glaspalast"), Mi.–Mo. 9–17 Uhr, 12 € (Kinder 7 €). Feuerwehr auf über 3000 m² erleben. Alles rund um Brennen und Feuer, um Löschen und Vorbeugen – zum Anfassen und Erleben mit Aktionen, Vorführungen und Tipps.

22 [D3] **Fugger- und Welser-Erlebnismuseum.** Museum zu Ehren der großen Augsburger Handelsdynastien der Fugger und Welser (s. S. 35)

29 [E4] **Fuggerei mit Fuggereimuseum.** Älteste noch bestehende Sozialsiedlung der Welt mit 67 Häusern, Kirche, Musterwohnung, Museum sowie Laden und Café. Es gibt Führungen und Veranstaltungen (s. S. 42).

› **H2 – Zentrum für Gegenwartskunst,** im Glaspalast (s. S. 46), https://glaspalast-augsburg.de, Di.–So. 10–17 Uhr, 7 € (So. frei). Exponate aus eigenem Bestand und spektakuläre Sonderausstellungen international bekannter zeitgenössischer Künstler in der sogenannten Halle 1.

M 25 **Infopoint Königsbrunn,** Alter Postweg 1, www.955schlachtaufdemlechfeld.de, Di., Do. 8.30–12.30, 14.30–17.30, Fr. 8.30–12.30, Sa., So. 14–17 Uhr, 3 €. Im Zentrum steht die legendäre Schlacht auf dem Lechfeld im Jahr 955. Landschaftsdioramen mit über 12.000 handbemalten Zinnfiguren sowie eine multimediale Ausstellung lassen die Ereignisse lebendig werden.

› 33 [C5] **Jüdisches Museum Augsburg Schwaben** in der Synagoge. Informationen zum jüdischen Leben in Augsburg und Schwaben ab dem Mittelalter, zu Kulten und Gebräuchen, Festen und Essensritualen (s. S. 48).

› **Kunstmuseum Walter,** im Glaspalast (s. S. 46), www.kunstmuseum-walter.com, Di.–Fr. 11–15, Sa., So. 12–17 Uhr, 6 €. Eine der größten Privatsammlungen (von Prof. Ignaz Walter) zeitgenössischer Kunst in Deutschland.

M 26 [E5] **Kunstverein Augsburg,** Vorderer Lech 20, im Holbeinhaus, Di.–So. 11–17 Uhr, Eintritt frei, www.kunstverein-augsburg.de. Institution zur Pflege zeitgenössischer Kunst, Veranstaltung

135ab Abb.: mb

Das Geburtshaus von Bertolt Brecht 24 ist zu besichtigen

016ab Abb.: mb

von Ausstellungen, einmal jährlich der großen Schwäbischen Kunstausstellung.

21 [C2] **Leopold-Mozart-Haus.** Geburtsort von Leopold Mozart (1719). Dokumente und Fotos über sein Leben und Wirken sowie über das seines Sohns Wolfgang Amadeus (s. S. 35).

M27 [D5] **Lettl-Museum,** Zeuggasse 9, Di.–Do. 13–17, Fr.–So. 11–17 Uhr, 7 €, https://museum.lettl.de. Museum mit Werken des surrealistischen Augsburger Künstlers Wolfgang Lettl (1919–2008). Sohn Florian fungiert als Kurator der Ausstellung nahe dem Königsplatz.

M28 [bf] **MAN Museum,** Heinrich-von-Buz-Str. 28, Mo.–Fr. 9–16 Uhr auf Anmeldung unter Tel. 08213223366, Eintritt frei, www.man-es.com/de/man-museum. Eine Zeitreise durch mehr als zwei Jahrhunderte Technikgeschichte. Das Museum der MAN-Gruppe in Augsburg bietet viele Originalexponate – darunter der erste Dieselmotor der Welt –, Modelle, Bilder und Infotafeln. Angeschlossen ist ein historisches Archiv, das rund 1,5 Mio. Dokumente über die Geschichte der Firma aufbewahrt.

3 [D4] **Maximilianmuseum.** Kunstwerke aus der Stadtgeschichte, Gold- und Silberschmiedekunst, Kunsthandwerk u. a. aus Augsburger Werkstätten (s. S. 18).

M29 **Mercateum,** Alter Postweg 1, www.mercateum.de, So. 14–18 Uhr. Das Museum ist in einem großen, begehbaren Globus untergebracht, basierend auf einer historischen Karte von 1529. Im Innern findet sich eine Ausstellung zur Geschichte des Fernhandels mit Indien.

13 [C4] **Naturmuseum Augsburg.** Interessant aufgemachte Ausstellungen zu Geologie, Paläontologie, Mineralogie und Biologie. Mit angeschlossenem Planetarium (s. S. 28).

M30 [D5] **Neue Galerie im Höhmannhaus,** Maximilianstr. 48, Di.–So. 10–17 Uhr, Eintritt frei. Wechselausstellungen, oft ergänzend zu Ausstellungen im benachbarten Schaezlerpalais 6, oder moderne Kunst.

› **Römisches Museum/Römerlager im Zeughaus** 8. Sammlung archäologischer Fundstücke aus der Stadt. Teilausstellung in der Toskanischen Säulenhalle (s. S. 24).

6 [D5] **Schaezlerpalais.** Sehenswert ausgemalte Säle, die Deutsche Barockgalerie und die Staatsgalerie Altdeutscher Meister in der ehemaligen Katharinenkirche (s. S. 21).

M31 [E7] **Schwäbisches Handwerkermuseum,** Beim Rabenbad 6, Zugang durch den Innenhof des Heilig-Geist-Spitals (Puppenkiste), www.hwk-schwaben.de/71,0,4322.html, Mo., Di. 9–12, Mo.–Fr. 13–17 und So. (Apr.–Sept. auch Sa.) 10–17 Uhr, Eintritt frei. Zunftinsignien und

Im tim 31 geht es nicht nur um Textilindustrie und Mode

Wissenswertes zu verschiedenen Berufsständen wie Putzmacherin, Bader, Posamentierer, Buchbinder, Goldschmied, Gürtler, Sattler, Schmied u. a. im historischen Brunnenmeisterhaus in idyllischer Lage, gerahmt von Wassertürmen und Grün, ideal für eine kleine Pause.

31 [G5] **tim – Staatliches Textil- und Industriemuseum Augsburg.** Museum zur Textilgeschichte Augsburgs, zum Stoffdruck und zur Mode, auch Wechselausstellungen (s. S. 46).

Kunstgalerien

› **Galerie Noah,** im Glaspalast (s. S. 46), www.galerienoah.com, Di.–Fr. 11–15, Sa., So. 12–17 Uhr. Eine der großen, international vernetzten Galerien Deutschlands befindet sich im historischen Glaspalast in Augsburg.

32 [E5] **Galerie Schröder Kulturklub,** Schlossermauer 10, www.galerieschroederweinbar.de, Do.–Sa. 19.30–24, bei Ausstlg. auch Do., Fr. 14–17 Uhr. Veranstaltungen und Kunstausstellungen.

› **Galerie Süßkind** (s. S. 84), Kunst und Schokolade

33 [D4] **Künstlervereinigung Die Ecke,** Elias-Holl-Platz 6, https://die-ecke.de, Di.–Sa. 12–18 Uhr. Wechselnde Ausstellungen zur Kunst der Gegenwart, auch zum Kauf.

Kunst unter freiem Himmel

Augsburgs **Renaissancebrunnen** (s. S. 17) sind das künstlerische Aushängeschild der Stadt, doch es gibt auch andere sehenswerte Kunstwerke im Freien.

Ein anfangs umstrittenes Kunstwerk steht vor dem Stadttheater 12 und trägt den Titel **„Ostern“.** Die 6,5 m hohe, abstrakte Skulptur aus Chromnickelstahl stammt von dem Berliner Bildhauerpaar **Brigitte Denninghoff** und **Martin Matschinsky.** Sie wurde 1992 auf dem Rathausplatz aufgestellt und nach Bürgerprotesten vor das Stadttheater umgesetzt.

Omnipräsent in der Stadt ist der **Augsburger Graffiti-Verein Die Bunten e.V.** Der Künstlerzusammenschluss ist verantwortlich für zahl-

Mein Tipp

Autos im Straßenbahndepot

In die ehemalige Straßenbahnhalle ist ein Automuseum, die **Mazda-Privatsammlung** des Autohändlers Walter Frey, eingezogen. Rund 50 seiner rund 120 Mazda-Modelle aus allen Epochen sind ausgestellt. Allein das Areal, das **historische Straßenbahndepot** von 1898, ist einen Rundgang wert. Der ab 2011 von Grund auf renovierte Gebäudekomplex ist ein vergessenes Juwel der Industrialisierung Augsburgs und veranschaulicht den Weg von der ersten elektrischen Straßenbahn zur ausgebombten Ruine bis hin zum modernen Straßenbahnbetrieb.

34 [B1] **Mazda Classic – Automobil Museum Frey,** Wertachstr. 29 b, Mo.–Do. 12–17, Fr.–So. 10–18 Uhr, 5 €, https://mazda-classic-frey.de, mit Shop und Cosmo Bistro (s. S. 72). Ebenfalls auf dem Areal befindet sich der Kulturtreff Tür an Tür (s. S. 78).

156ab Abb.: mb

reiche Wandbilder. Die Bandbreite reicht vom Trafohäuschen bis zum jährlich neu geschaffenen offiziellen **Wandbild zum Friedensfest.**

› **Infos zu den Graffiti-Projekten:** https://diebuntenev.jimdofree.com

Von vielen Augsburgern kaum bemerkt, gibt es außerdem auf dem **Gelände der Universität** eine beachtliche Sammlung moderner Kunstwerke.

› www.uni-augsburg.de/de/campusleben/musik-kultur/kunstamcampus1

Kunsttunnel Pfersee

Als Bestandteil der Bewerbung der Stadt Augsburg zur **Kulturhauptstadt Europas** wurde 2003 als sinnvolle Verschönerungsmaßnahme die südliche Tunnelwand der **Pferseer Unterführung** (stadtauswärts) von heimischen Künstlern, Laienmalern, Jugendlichen und Kindern ausgemalt, die andere Seite folgte 2012 während des Umbaus der Unterführung. 65 Künstlerinnen und Künstler im Alter zwischen 10 und 70 Jahren, hauptberufliche ebenso wie Laien, gestalteten in einer großen Aktion die Pferseer Unterführung von der vormaligen „Angströhre" zum Augsburger Kunsttunnel und damit zur **öffentlichen Galerie** um.

Durch den Rückbau von Betonsockel und Trennwand wurde der Tunnel zudem heller und freundlicher und es wurde (endlich) auch ein (bis heute eher unbefriedigender) Kompromiss für Radfahrer gefunden. Farbige Ringe strukturieren die Tunneldecke und verkürzen den Tunnel optisch. Dazu gibt es eine minimalistische Komposition der Augsburger Klangkünstler Gerald Fiebig und Alexander Möckl, im Wechsel mit klassischer Musik.

› **Weitere Infos** unter www.lightmaster.de/augsburger-kunsttunnel

Augsburg für Genießer

Augsburgs Küche ist ein Gemisch aus **schwäbischen, bayerischen und internationalen Spezialitäten**, die Stadt bietet jedoch z. B. auch mit Michelin-Sternen ausgezeichnete Lokale wie August, Alte Liebe (beide s. unten) oder Sartory (s. S. 67). Infos zum aktuellen Gastrogeschehen finden sich online unter http://augsburger-gastro-news.blogspot.de. Eine gute Möglichkeit, die Szene zu erkunden, bieten die **Augsburg Genusstouren** (s. S. 124). Hilfreich ist auch die Website www.augsburg-tourismus.de/de/essen-trinken.

Sofern nicht anders angegeben, haben die nachfolgend aufgelisteten Lokale täglich zum Mittag- und Abendessen geöffnet.

Hervorhebenswerte Lokale

Fine Dining

35 [D7] **Alte Liebe** €€€ ✿, Alpenstr. 21, www.alte-liebe-augsburg.de, Mi.–Sa. ab 18 Uhr. Moderne Küche im Bistro, feines, sterne-prämiertes Essen („Tasting Menu") im Restaurant. Saisonale Küche mit Produkten aus der eigenen Gärtnerei bzw. der Umgebung. Erlesene Getränkekarte, u. a. tolle Weinauswahl und Craftbiere.

36 [G3] **August** €€€, Johannes-Haag-Str. 14, Tel. 35279, https://restaurantaugust.de. Das Toprestaurant von Augsburgs Sternekoch Christian Grünwald befindet sich in der historischen Haag-Villa im Textilviertel. Bei nur 16 zur Verfügung stehenden Plätzen ist frühzeitige Reservierung nötig (nur Do.–Sa. Abendmenü).

37 [E4] **Lustküche** €€, Mittlerer Lech 23, Tel. 7808422, www.restaurant-lustkueche.de, Fr., Sa. 11.30–14, Di.–Sa. 18–22 Uhr. Kreative Küche, serviert in hip gestylten Räumlichkeiten. Überschaubare Speisekarte mit günstigeren Mittagsgerichten.

› **Magnolia – Restaurant im Glaspalast** €€€, im Glaspalast (s. S. 46), Tel. 3199999, www.magnolia-restaurant.de, Di.–Fr. 11.30–14.30, 18–22, Sa. 18–22 Uhr. Gourmetrestaurant im „jungen, wilden Stil". Schickes Ambiente, moderne Küche, die mit einem BIB Gourmand ausgezeichnet wurde. Günstige Mittagsmenüs!

› **Maximilian's** €€-€€€, im Hotel Maximilian's (s. S. 125), Tel. 5036650, www.maximilians-augsburg.de, So. nur Brunch. Angenehm luftige Atmosphäre, Weinkeller und Plätze im Freien sowie Showküche und saisonale Gerichte. Im selben Hotel befinden sich die folgenden beiden Lokale:

› **Bar 3 M** €€, Mo.–Sa. 10–1, So. 10–23 Uhr. Frühstück, kleine Speisen, Cocktails, Tees und Kaffees. Zugang von der Maxstraße.

› **Sartory** €€€ (www.sartory-augsburg.de, Tel. 50360), Mi.–Sa. abends. Hochklassige, festgelegte Menüs mit regionalen Bio-Gerichten. Reservierung nötig, da nur wenige Plätze.

38 [D4] **Perlach Acht** €€-€€€, Am Perlachberg 8, www.perlachacht.de, Di., Mi. 17–23.30 Uhr, Do.–So. auch mittags geöffnet. Klein, aber fein mit internationaler Küche und wechselndem Menü (auch mit Weinbegleitung), v. a. kreative Vorspeisen.

Schwäbisch-bayerische Küche

Sofern nicht anders angegeben, haben die nachfolgend empfohlenen Restaurants zum Mittag- und Abendessen geöffnet.

39 [D4] **Bauerntanz** €-€€, Bauerntanzgäßchen 1, Tel. 153644, http://bauerntanz-augsburg.de, Mo. 17–21, Di.–Sa. 11.30–23, So. 11.30–20 Uhr. Die Traditionsgaststätte in der Augsburger Altstadt wird erstmals 1576 urkundlich als Gasthaus erwähnt. 1790 weilte Goethe

Kulinarische Spezialitäten

Bredzg (pl. *Bredzga*) – *Breze* (pl. Brezen) (niemals „Brezel" oder „Brezl")

Datschi (Zwetschgadatschi) – Augsburger Spezialität: Blechkuchen (meist aus Hefeteig), der mit spät gereiften Zwetschgen, die wenig Saft ziehen, dachziegelartig belegt, mit Zimtzucker bestreut und mit Sahne serviert wird.

Flädlesupp – Suppe mit in Streifen geschnittenen Pfannkuchen

Gröstl – Resteessen, Salzkartoffeln mit Wurst/Fleischresten und Zwiebeln etc. geröstet

Guatsle, Guadl, Guzzie – Bonbons

Häffadoig – Hefeteig, ohne ihn kein Datschi

Kässpätzle – ein schwäbisches Nationalgericht: Spätzle (hergestellt aus Eiern, Wasser und Mehl) mit Romadur (einem aromatischen Rotschmierkäse) oder Weißlacker („Weißschmierer") und geriebenem Hartkäse (Emmentaler/Bergkäse), in der Pfanne vermischt und mit braunen Zwiebelringen serviert

Kiachla – Schmalzgebäck, zumeist an Fasching, auch als „Ausgezogene" bekannt

Krapfen – „Berliner Pfannkuchen"

Loibla – Gebäck, besonders Weihnachtsgebäck

Semml – Brötchen, wobei Römerle oder Spitzle spezielle Varianten sind

Obatzter/Obatzda – eigentlich eher bayerisch: Camembert zerdrückt mit Butter oder Frischkäse, Paprika, Kümmel und einem Schuss Bier, darauf eingesalzene Zwiebelringe

Oir – Eier

Schwäbischer Wurstsalat – Fleischwurst oder Lyoner mit Zwiebelringen sauer angemacht

Würschtle – Würstchen: Weiß-, Woll-, Schweinsbratwürschtle oder Wienerle

Meine Tipps

Lecker vegetarisch

› **Café Dreizehn**, in der Kresslesmühle (s. S. 79), https://muehle-dreizehn.de, tgl. 9–22 Uhr, Mittagstisch und Abendkarte. Genuss ohne Tierprodukte: kleines, gemütliches Café mit Freiplätzen davor, auch selbstgemachte Kuchen.

40 [E6] **Emmi's** €€, Kirchgasse 1, https://emmiskitchen.de, Mo.–Sa. 9–22, So. 9–18 Uhr. Veganes Restaurant mit Frühstück, Burgern, Bowls, Smoothies und werktags günstigem Business-Lunch.

41 [D3] **EXOTIKO** €, Frauentorstr. 4, www.exotiko.de, Mo.–Sa. geöffnet. Preiswerte vegane und vegetarische Gerichte aus der orientalischen Küche. Sandwiches und Salate, Falafel, Wraps, Hummus, Halloumi u. a., auch zum Mitnehmen. Vieles aus eigenem Anbau, Freilandhaltung und in Bioqualität.

42 [D6] **K 41** €, Konrad-Adenauer-Allee 41, Mo.–Fr. 11.30–15, Di.–Fr. 18–20 Uhr. Es gibt keine Speisekarte, sondern „Glücksteller" aus fünf verschiedenen (v. a. asiatischen) Gerichten, vegan und vegetarisch.

43 [E4] **Katzentempel Augsburg** €€, Jakoberstraße 6, https://katzentempel.de, Mo.–Do. 10–20, Fr. 10–21, Sa. 9–21, So. 9–20 Uhr. Das katzenfreundliche Franchise-Unternehmen bietet in gemütlicher Atmosphäre nahe dem Rathausplatz veganes Frühstück, Mittag- und Abendessen sowie Kaffee und Kuchen.

44 [C5] **Kichererbse** €, Annastr. 32, Zentral gelegener kleiner Stehimbiss, in dem es Falafel in verschiedenen Versionen gibt. Immer frisch und preiswert.

45 [B4] **LiLe's Corner** €-€€, Sieglindenstr. 4, Mi., Do., So. 11–22, Fr., Sa. 12–24 Uhr. Günstig in Bahnhofsnähe gelegen gibt es Kuchen und Herzhaftes (Fairtrade, lokale/regionale Produkte).

Dinner for one

46 [C4] **Feinkost Kahn, Café & Bistro** €€, Annastr. 16, www.feinkost-kahn.de, Mo.–Sa. ab 8 Uhr. Mit Feinkosttheke, beliebt zum Frühstück. Ideal zum „Alleinesitzen" sind auch die diversen Stände auf dem Stadtmarkt 11.

Für den späten Hunger

› **Annapam** € (s. S. 74), tgl. 17–mind. 24 Uhr. Preiswerte deutsch-mediterrane Küche von Kässpatzen und Schnitzel über Salate bis Pizza. Auch Plätze im Freien.

Lokale mit guter Aussicht

› **Café Eber** (s. S. 73). Im Sommer mit Sitzplätzen auf dem Rathausplatz bzw. im 1. Stock mit Blick auf den Platz.

› **Kahnfahrt** (s. S. 70). Ausflugslokal mit Terrasse direkt am Wasser.

› **Kulperhütte** (s. S. 70). Schön im Grünen gelegene Ausflugs-„Hütte" mit Freiplätzen und Ausblick auf die renaturierte Wertach und die Spaziergänger.

› **Lug ins Land** (s. S. 70). Biergarten mit tollem Ausblick von der Stadtbefestigung.

› **Riegele WirtsHaus** (s. S. 69). Im Sommer Terrasse an den Gleisen des Hauptbahnhofs mit Fernblick, großer Biergarten.

Gastro- und Nightlife-Areale

Bläulich hervorgehobene Bereiche in den Karten kennzeichnen Gebiete mit einem dichten Angebot an Restaurants, Bars, Clubs, Discos etc.

Preiskategorien

Pro Hauptgericht/Person ohne Getränk:

€	unter 12 €
€€	12–20 €
€€€	über 20 €

während einer Reise hier. Im Herbst 1777 war Wolfgang Amadeus Mozart mit seinem Augsburger Bäsle zu Gast und Mathias Klostermaier, berüchtigt als „Bayerischer Hiasl“, soll 1770 ebenfalls hier Brotzeit gemacht haben. Rudolf Diesel (1858–1913) wohnte im nahen Springergäßchen Nr. 6 und soll häufiger Gast gewesen sein. Die Speisekarte ist heute eher international, es findet sich aber auch die Rubrik „Bauerntanz Klassiker“ (u. a. Kässpätzle, Schupfnudeln, Maultaschen oder Rostbraten).

47 [B2] **Brauhaus Thorbräu** €€, Wertachbrucker-Tor-Str. 9, Tel. 36562, www.thorbraeu-stueberl.de, tgl. ab 11 Uhr, günstiger Mittagstisch. Brauereigasthof mit Kellerbier, Brotzeiten und schwäbisch-bayerischen Spezialitäten wie Kässpatzen oder Maultaschen.

48 [E4] **Die Tafeldecker in der Fuggerei** €€, Jakoberstr. 26, Tel. 99879169, www.dietafeldecker.de, tgl. 12–22 Uhr. Thorsten Ludwig verarbeitet in dem traditionsreichen Lokal frische Produkte aus der Umgebung zu schwäbisch-bayerischen Spezialitäten und Tapas am Abend. Mit Biergarten.

49 [E4] **Drei Königinnen** €€, Meister-Veits-Gäßchen 32, www.dreikoeniginnen.de. Brauereigaststätte der Augusta Brauerei (Lauterlech 10, www.augusta-brauerei.de) mit Biergarten, tgl. ab 17 Uhr, deftige Brotzeiten, bayerische Hausmannskost, Salate, dazu Veranstaltungsprogramm (Jazz, „Literatur im Biergarten“ und Kleinkunst).

› **Hasenbräuhaus** €-€€, in der Kälberhalle **32**. In einer der historischen Hallen des Schlachthofes von 1880 hat die Augsburger Brauerei Hasen-Bräu (s. S. 107) eine Kleinbrauerei mit Lokal und Biergarten eingerichtet.

50 [D4] **Ratskeller** €€, Rathausplatz 2, Tel. 31988238, www.ratskeller-augsburg.de, tgl. ab 11 Uhr. Bayerisch-schwäbische Schmankerl und Biere der lokalen Riegele-Brauerei vom Fass sowie tolle Cocktails in den Rathausgewölben.

51 [A4] **Riegele WirtsHaus** €-€€, Fröhlichstr. 26, Tel. 4552550, www.riegele-wirtshaus.de, tgl. 11–24 Uhr. In Bahnhofsnähe braut die lokale Riegele-Brauerei preisgekrönte Biere und hat in einem der historischen Bauten ein schick-gemütliches Restaurant mit zwei Terrassen, Shop und Bar eingerichtet. Mittagstisch, Brotzeiten und schwäbisch-bayerische Schmankerl, dazu süffiges Fassbier, die verwendeten Produkte sind großteils bio-zertifiziert. Angrenzend: Biergarten mit Selbstbedienung (Mo.–Sa. 15–22.30, So. 11–22.30 Uhr). Auch Brauereitouren sind möglich (www.riegele.de/fuehrungen-seminare/brauereifuehrung).

52 [D5] **Zeughausstuben** €€, Zeugplatz 4, Tel. 5080504, www.zeughausstuben.de. Lokal mit Biergarten und internationaler Speisekarte (mehrsprachig). Preiswerte Mittagsmenüs, bayerische Schmankerl und Spätzle in vielen Varianten, Tagesgerichte und saisonale Schwerpunkte.

122ab Abb.: mb

Schwäbisch-bayerische Brotzeit

Biergärten

53 [bg] **Antons Gasthaus & Kastaniengarten,** Sulzerstr. 20, www.antons-augsburg.de, Di.–Sa. 12–22, So. 10–14 Uhr. Bodenständig-bayerisches Lokal mit schönem Biergarten und guten Brotzeiten.

› **Drei Königinnen** (s. S. 69)

54 [dh] **Gasthaus zum Spickel** ✿, Hornungstr. 44, Tel. 56759470, www.zum-spickel.de, Mi.–Sa. 17–22, So. 11.30–22 Uhr. Eine der ältesten Gaststätten Augsburgs in der Gartenstadt Spickel mit beliebtem (und schönem) Biergarten, Bar und schwäbisch-bayerischen Spezialitäten sowie Gerichten aus der Balkanregion und viel Vegetarischem. Produkte aus artgerechter Haltung und aus der Region.

› **Hasenbräuhaus,** in der Kälberhalle 32

55 [E2] **Kahnfahrt,** Riedlerstr. 11, Tel. 35516, www.restaurant-zur-kahnfahrt.de. Seit 1876 Ausflugslokal mit Biergarten am Oblatterwall, Ostern–Okt. Mo.–Fr. 17–21, Sa., So. 12–21 Uhr, nur bei schönem Wetter. Bootsverleih und Plätze auf einer Terrasse direkt am Wasser. Schweinebraten, Brotzeiten und Bier sowie Kaffee, Kuchen und Eis.

56 [ah] **Kulperhütte,** Parken am Ende der Pfarrer-Bogner-Str. bzw. Tramlinie 3 bis „Luitpoldbrücke" und zu Fuß entlang dem Wertachkanal, www.kulperhuette.de, tgl. 11 bis max. 24 Uhr, bei schlechtem Wetter verkürzt. Das ehemalige Bienenhaus eines gewissen Herrn Lorenz Kulper wurde um 1920 in eine Imbissbude mit Biergarten umgewandelt. Heute ist Wirt Oliver Hüttenmüller stolz auf Solaranlage, Fußbodenheizung und Anschluss an die öffentliche Kanalisation. Biergartenbetrieb mit Selbstbedienung und Innenraum mit Kachelofen. Im Wechsel mit dem Parkhäusl auch Livemusik („Musiksommer", s. unten).

57 [D1] **Lug ins Land,** Am Lueginsland 5, www.oblingers-luginsland.de, Sommer-Biergartenbetrieb bei schönem Wetter, meist 11–22.45 Uhr. Speisen und Getränke (Selbstbedienung). Direkt an der historischen Stadtmauer mit herrlicher Aussicht.

› **Riegele WirtsHaus** (s. S. 69)

58 [dh] **Schwarze Kiste am Hochablass** ✿, Oberländer Str. 106b, beim Kuhsee, Mo.–Sa. ab 11, So. ab 10 Uhr (wenn es nicht regnet), https://schwarzekiste.de/restaurants/schwarze-kiste-am-hochablass. Imbissküche mit regionalen Produkten mitten in der Natur, direkt im Naherholungsgebiet am Lech gelegen. Biergarten und Tische am Fluss.

› **Viktor** (s. S. 72)

59 [ch] **Waldgaststätte Parkhäusl,** Prof.-Steinbacher-Str. 10a (im Siebentischwald), www.parkhaeusl.de, im Sommer bei Biergartenwetter Mi.–So. ab

012ab Abb.: mb

Mein Tipp

Street Food Schmeckfestival

Auf dem Gögginger Festplatz, Pfarrer-Bogner-Str. [ah] (B17, Ausfahrt Gabelsbergerstr.), findet immer im Mai das sog. Street Food Schmeckfestival statt. Der Eintritt ist frei und es gibt ein Unterhaltungsprogramm.

› www.schmeckfestival.de

Smoker's Guide

Bayern hat bundesweit das schärfste **Rauchverbot.** Schon seit 2010 darf in öffentlichen Lokalen jeder Art nicht mehr geraucht werden. Das Rauchen in Sportstadien und Biergärten ist hingegen noch nicht (generell) verboten.

10.30 Uhr. Brotzeiten, Weißwürste, Currywurst und Kässpatzen. So. Livemusik (im Wechsel mit der Kulperhütte, s. S. 70), gelegentlich auch samstagabends Veranstaltungen. Idyllisch-schattiges Ambiente mit Biertischen/-bänken, aber auch Liegestühlen. Bei Andrang etwas Zeit nötig. Parken am Botanischen Garten/Zoo.

Italienische Küche

60 [E5] **Al Teatro** €€, Bei St. Ursula 1, tgl. 11.30–21 Uhr. Gutes italienisches Essen zu fairen Preisen. Besonders schön: die Sitzplätze im Freien mitten in der Altstadt.

61 [ag] **Osteria Kuckuck** €€ 🍀, Uhlandstr. 35, Tel. 544682, www.osteria-kuckuck.de, Mi.–Sa. ab 18 Uhr. Im Stadtviertel Pfersee gelegenes Slowfood-Lokal mit Biergarten. Monatlich wechselnde Speisekarte (mediterran) und saisonale Küche aus großteils lokalen Produkten.

62 [C3] **Pastissima** €€, Jesuitengasse 20, Tel. 7109994, www.pastissima-augsburg.de, Mo.–Fr. 11.30–14 und 17–23, Sa. nur 17–23 Uhr. Gehobener Italiener mit kreativer Speisekarte und schönem Innenhof.

63 [D5] **Pizzeria Dragone** €-€€, Wintergasse 3, www.ristorante-pizzeria-dragone.de, Di.–So. geöffnet. Alteingesessene Pizzeria mit Holzofen als zentralem Merkmal.

64 [D4] **Trattoria Italiana da Enzo** €-€€, Judenberg 11, https://trattoria-italiana-da-enzo.metro.bar, Di.–Sa. Ausgezeichnete saisonale italienische Gerichte und Pizzas aus dem Steinofen. Enzo lernte bei seinem Bruder im Traditonslokal „Dragone". Heute betreibt er dieses Lokal in einem historischen Haus.

65 [E6] **Tratto's** €, Milchberg 24. Ideal zum Mittagessen (Mo.–Fr. 11.30–15 Uhr), günstig und schnell, auch zum Mitnehmen, an wenigen Tischen innen oder im gemütlichen Hof. Wechselnde Auswahl von frischen, regionalen Gerichten und Antipasti von der Schautheke. Auch Vegetarisches und Veganes sowie gute Weinauswahl.

‹ *Sehr beliebt: Riegeles Biergarten (s. S. 69)*

Mal was anderes ...

66 [C4] **ANNA Café** 🍀, im Annahof 4, www.das-anna.de. Bekannt fürs Frühstück, aber auch kleine, feine Gerichte mit mediterranem oder orientalischem Touch. Zutaten aus der Region und großteils bio. Im Sommer Tische auf dem Platz.

67 [D5] **beißer burger** 🍀, Dominikanergasse 13, https://beisserburger.de. Brioche-Beef- und Vollkorn-Veggy-Burger, dazu Pommes frites u. a. Das Fleisch stammt aus artgerechter Haltung, die regionalen Zutaten sind von bester Qualität.

68 [D4] **DeDe Café,** Auf dem Rain 6, https://dedecafe.business.site, So.–Do. 11–22, Fr., Sa. 11–23 Uhr. Heimeliges Café mit Wohnzimmeratmosphäre und Vintage-Möbeln gegenüber dem Brechthaus **24**. Gutes Frühstück, Mokka, verschiedene Kuchen, kleine türkische Gerichte und Brettspiele.

69 [E5] **Nikos Werkstatt** €-€€, Mittlerer Lech 45, Di.-Sa. 17.30-23.30 Uhr. Vor allem griechische Vorspeisen und Getränke, klein, mit wenigen, idyllischen Tischen im Freien.

70 [G5] **nunó** €-€€, Provinostr. 46, im Textilmuseum, Tel. 5081044, www.nuno-augsburg.de, Di.-Sa. Mittagstisch. Leichte und hochwertige saisonale Küche mit Bioprodukten aus der Region, im Wok zubereitet. Viel Vegetarisches. Beliebtes Sonntagsbüfett von 10 bis 14 Uhr. Wechselnde Wochenkarte und Abend-Specials.

71 [F6] **Rheingold** €€, Prinzstr. 14, Tel. 44989431, www.das-rheingold.com, Mi.-Fr. 17-24, Sa. 10-24, So. 10-23 Uhr. Lokal im Bistrostil im angesagten Textilviertel mit einer interessanten Mischung aus schwäbischen, italienischen und tamilischen Gerichten, dazu schöne Frühstücksauswahl.

72 [ag] **Taverna Ikaros** €€, Sigmundstr. 3, Tel. 525253, www.taverna-ikaros.com, Di.-Sa. abends, So. auch mittags geöffnet. Alteingesessenes Restaurant mit hausgemachten, typisch griechischen Gerichten. Auch „Parea" für die Tischgemeinschaft - beliebig zusammenzustellende *Mezedes* (Vorspeisen). Mit Innenhof, Verkauf griechischer Produkte.

73 [E4] **Taverne zu den Barfüßern - Mama Soul,** Barfüßerstr. 10, Mi.-Sa. 17-22 Uhr. Die Spezialität sind Meyhane (türkische Tapas): Schälchen mit verschiedenen Köstlichkeiten, kalten oder warmen Speisen, vegan und vegetarisch, Fleisch und Fisch, Mittelmeer- und anatolische Küche.

74 [D3] **u.k.i.y.o.** €€-€€€, Karolinenstr. 28, www.ukiyo.de, Tel. 50885538, Di.-Fr. 11.30-14.30, 17-24, Sa., So. 16-24 Uhr. Schickes, zentral gelegenes japanisches Lokal mit günstiger Mittagskarte und mehr als nur Ramen und Sushi, Sommerrollen und Tofu.

75 [bg] **Viktor**, Hartmannstr. 1, www.cafe-viktor.de, Mo. 17-24, Di.-So. 9-24/1 Uhr. Im trendigen Bismarckviertel gelegenes Lokal mit Biergarten, wechselnder Tageskarte und „Frühstück der Woche" sowie Happy Hour und anderen Aktionen. Frische, regionale Zutaten, teils in Bioqualität.

Cafés, Imbisse, Eis

76 [D5] **32° Die Werkstatt für Genuss,** Maximilianstr. 37, https://32-grad.com, Mo.-Fr. 7.30-18, Sa. 9-18 Uhr. Brote aller Art, Gebäck, Semmeln, Süßes, aber auch Sandwiches, Salate, Antipasti etc. Schön zum Sitzen unter dem Gewölbe, dazu kann man die Bäcker bei der Arbeit beobachten.

77 [E6] **Cabresso am Milchberg,** Milchberg 12, www.cabresso.cafe, Di.-Sa. 9-18, So. 10-17.30 Uhr. Von den Ulrichswerkstätten Augsburg der CAB Caritas (eine Einrichtung für behinderte Menschen) betriebenes Café mit wechselnden Mittagsmenüs, hausgemachten Kuchen und schattigem Garten mit Blick auf St. Ulrich. Mit Gärtnerei-Laden. Zum selben Projekt gehört:

78 [C5] **Café-Rösterei Cabresso**, Hermanstr. 8, www.cabresso.cafe, Mo.-Fr. 10-18, Sa. 10-15 Uhr. Inklusionsprojekt der CAB Caritas für Menschen mit Behinderung.

79 [H3] **Café Himmelgrün**, Am alten Schlachthof 9, Mo.-Fr. 7-18, Sa., So. 8-17 Uhr, www.cafe-himmelgrün.de. Kinder- und familienfreundliches Café der Schubert Bio & Vollwert Bäckerei, bekannt für Backwaren und Frühstück, auch kleine Mittagsgerichte.

› **Cosmo Bistro,** im Innenhof des Straßenbahndepots mit Mazda Classic Car Museum (s. S. 65), Mo.-Fr. 11.30-20, So. 10-17 Uhr. Am schönsten auf der Terrasse zum (preiswerten) Lunch oder nachmittags zu Kaffee und Kuchen. Spezialität: selbstgemachter Cosmo Aux Dry Gin.

80 [D5] **Eiswerk 54,** Kaffeegäßchen 4/Dominikanergasse, www.eiswerk54.de,

Mi.–Sa. 12–19/20 Uhr. Stil und Flair der 1960er- und 1970er-Jahre, auch zum Kaufen. Softeis mit diversen Toppings und Slushes aus naturbelassenen Säften und Kräutern mit oder ohne Alkohol. Im Winter hausgemachte Glühweine, Punsch u. a., auch Hotdogs.

81 [D6] **Kitzenmarkt**, Kitzenmarkt 14, Mo.–Fr. 7.30–15, Sa. 9–14 Uhr. Bäckerei, Café und „Nahversorger" in einem. Dazu günstiges Mittagsgericht und offener Bücherschrank. Regionale und nachhaltige Küche.

82 [ag] **La Boulangerie – französische Feinbäckerei,** Augsburger Str. 40, direkt an der Straßenbahnhaltestelle „Pfersee" nahe Herz-Jesu-Kirche 36, Tel. 41018830, www.boulangerie-augsburg.de, Mo.–Fr. 7–18, Sa. 7.30–16, So. 8–16 Uhr. Der französische Bäckermeister Martial Boulogne knetet in der offenen Backstube mit Leidenschaft selbst und verzichtet dabei auf Backmischungen. Im angeschlossenen Café gibt es zu den handgemachten Crêpes und Backwaren, die mehrmals täglich frisch aus dem Ofen kommen, nicht nur Café au Lait, sondern auch Cidre und Wein. Außer Süßem wie Croissants, Brioches oder feinem Gebäck und Törtchen sowie hausgemachtem Eis wird auch Salziges wie Fougasse, Schinken-Croissants, Sandwiches oder Quiche serviert. Baguette in verschiedenen Varianten und ein Rustique aus Sauerteig und „Spickelbrötchen" gibt es ebenso.

83 [D4] **MAK Afrika Café & Rösterei**, Karlstr. 7, https://mak-afrika.com, Mo. 12–18.30, Di.–Do. 11–18–30, Fr., Sa. Frühstück 9–18.30 Uhr. Kaffeespezialitäten aus Afrika, v. a. Tansania, direkter und fairer Handel, vor Ort frisch geröstet; 1 € pro Kilo wird in soziale Projekte investiert. Kleines Café mit hausgemachten Kuchen und tansanischen Snacks.

84 [B5] **Santin Eis,** Bahnhofstr. 24, Anf. März–Anf. Okt., Mo.–Sa. 11–20, So. 12–20 Uhr (um die Weihnachtszeit zieht **Lebkuchen Schmidt** ein). Seit 1954 an derselben Stelle und damit eine der ältesten Eisdielen der Stadt mit „gelato artigianale". Café-Bar-Betrieb innen und Freiplätze draußen.

85 [E4] **Sirin Baklava,** Jakoberstr. 13, Mo.–Sa. 9–20 Uhr. Türkischer Bäcker, der bekannt ist für Vielfalt an Baklava (Filoteig mit Walnüssen und Pistazien gefüllt und mit Zuckersirup übergossen), aber auch andere Backwaren.

86 [C2] **Tante Emma**, Am Fischertor 2, Mo.–Fr. 8–18, Sa. 8–14 Uhr, www.bibaugsburg.de/tante-emma-laden-und-cafe. Projekt zur Qualifizierung und Beschäftigung Arbeits- und Ausbildungssuchender. „Tante-Emma-Frühstück" und Sa. Frühstücksbuffet mit selbstgebackenem Kuchen, Vollwertprodukten und Fair-Trade-Kaffee in gemütlicher Atmosphäre. Preiswertes Mittagsmenü und angeschlossener kleiner Laden.

Kaffeehäuser, Konditoreien und Confiserien

Die folgenden Lokale sind im Allgemeinen von 8 bis 18 Uhr, So. ab 10 Uhr geöffnet.

87 [D4] **Café Eber,** Philippine-Welser-Str. 6/Rathausplatz, Mo.–Sa. 9–18 Uhr. Traditionscaféhaus mit großer Kuchenauswahl, u. a. „Augsburger Torte", Petit Fours, Baumkuchen, aber auch Pralinen und Schokoladen, Lebkuchen und Ostereier. Im Sommer Freiplätze auf dem Rathausplatz.

88 [D4] **Café Euringer,** Am Perlachberg 9. Ein altmodisches winziges „Caféhaus" mit einer Konditorei, deren Bienenstich für viele Augsburger der beste der Stadt ist.

89 [D4] **Kaffeehaus Dichtl,** Maximilianstr. 18, von 9 (So. ab 9.30) bis mind. 18 Uhr geöffnet. Die Konditorei-Confiserie bietet feine Schokoladen, Pralinen, Gebäck und Torten, v. a. aber eine Riesenauswahl an Krapfen. Dazu verschiedene Events und Tastings. Stammhaus: Bahnhofstr./Ecke Schrannenstr.

Augsburg am Abend

Es gibt in Augsburg etliche Clubs, die sogar in der Münchner Szene angesagt sind. Biergärten (s. S. 70) sind im Sommer ein beliebter Treffpunkt und Veranstaltungsort. Was Kabarett und Kleinkunst angeht, rangiert Augsburg in Süddeutschland allein schon wegen der Institution Kresslesmühle ganz oben.

Nachtleben

Augsburgs **Partymeile** ist die **Maximilianstraße** ❺. Wegen der Lärmbelästigung durch Kneipen, Bars und die Laufkundschaft rund um die dort befindlichen Brunnen, aber auch wegen Verkehrssperrung bzw. -öffnung ist sie regelmäßig in den lokalen Schlagzeilen. Entlang der Maxstraße reihen sich v. a. Cocktailbars und Lounges auf, im **Bismarckviertel** findet man gute Kneipen und Bars zum „Abhängen", z. B. Viktor (s. S. 72). Aktuelles zur Szene erfährt man z. B. bei **Tonträger** (s. S. 83) oder im **Rekord Café.** Letzteres ist Veranstalter von Musik- und Kulturevents, zugleich Musikertreff und wichtige Infobörse der Indieszene.

90 [E4] **Rekord Café,** Oberer Graben 15, www.rekordcafe.com, Di.–Fr. 13–19 Uhr

Kneipen, Treffs und Pubs

91 [E6] **Annapam,** Bäckergasse 23, Mo.–Do., So. 17–24, Fr., Sa. 17–1 Uhr, www.annapam.de. Studentenkneipe mit Geschichte, in der neben Cocktails auch anständiges Essen angeboten wird. Im Untergeschoss befindet sich die Kellerbar (Fr., Sa. ab 19 Uhr).

92 [D5] **BOB'S Punkrock Pizzeria & Beer Bar,** Maximilianstr. 61, https://mein-bobs.de/standorte/maxstrasse, tgl. ab 17 Uhr. Pizzeria, Pub, Sportsbar und Musikkneipe in einem (Rock-Punk-Metal). Junges Publikum, immer voll, große Bierauswahl, v. a. Craft-Biere wie das selbst gebraute „Rock'n'Roll Pale Ale" und Cocktails.

93 [C4] **Flannigan's Post,** Fuggerstr. 5–7, Mo.–Fr. 11–14, 17–mind. 24, Sa. 18–2, So. 18–24 Uhr. Das gibt es nur in Augsburg: eine Mischung aus Irish Pub und Mexican Bar. Livemusik, Bier, Whiskeys und Cocktails sowie Mittagstisch. Großleinwand für Fußball- und Rugby-Übertragungen.

94 [E7] **Murdock's Irish Pub,** Am Roten Tor 8, Di.–Sa. 17–mind. 24 Uhr. Beliebter Treff für ein Guinness und zu Fußball-Übertragungen, gelegentlich Livemusik und Biergartenbetrieb am Roten Tor.

95 [E6] **Sackpfeife,** Bäckergasse 18, Di.–Sa. ab 17 Uhr. Eine der ältesten Kneipen Augsburgs, in der schon Raubritter Götz von Berlichingen gesessen haben soll. Urige Wohnzimmeratmosphäre und faire Preise, einige Plätze draußen.

96 [D4] **The Drunken Monkey,** Auf dem Rain 5, nahe Brechthaus, Mi.–Sa. 18–24 Uhr. Weit über 100 verschiedene Biere aus aller Welt, v. a. Craft-Biere. Tipp: Augsburger India Pale Ales (IPA) von „Frau Gruber". Im Sommer Sitzplätze über dem Kanal an der Gasse.

Bars und Lounges

Die **„Max-Partymeile"** ist gespickt mit Bars wie Peaches oder Caipi. Aber auch in anderen Vierteln gibt es Lokale, die einen Besuch lohnen.

› **Bar 3 M,** im Maximilian's (s. S. 67)

97 [D5] **Caipi Bar,** Maximilianstr. 50, Mo.–Sa. 18–mind. 1 Uhr. Besticht durch seine große Auswahl an Caipirinhas und anderen Cocktails. In der winzigen Bar am Herkulesbrunnen herrscht eine nette Atmosphäre.

98 [C5] **City Club,** Konrad-Adenauer-Allee 9, https://cityclub.webflow.io. Café-Betrieb Mi.–Sa. ab 14 Uhr mit vegetarischer Pizza und Getränken, Club

Mi., Fr., Sa. ab 23 Uhr mit Techno, House u. a. elektronischer Musik. DJs und Livekonzerte.

99 [D5] **Damenhof,** Maximilianstr. 36, So.-Do. 15-24, Fr., Sa. 15-1 Uhr, bei schönem Wetter. Drinks und Mezze in historisch-romantischem Ambiente sehr angesagt!

100 [D3] **Golden Glimmer Bar,** Schmiedberg 3, Mi.-Sa. ab 20 Uhr. „Just a simple Bar": Getränke, Snacks und Knabbereien, dazu Livemusik oder DJs.

101 [E6] **Haifischbar,** Spitalgasse 16, tgl. ab 18 Uhr. „Tiki-Bar" in einem historischen Gasthaus (Ursprünglich „Schwarzes Ross"). Vom skurrilen Styling bis zur Küche ist hier Südsee angesagt.

102 [C5] **Hallo Werner,** Schrannenstr. 8, www.hallowerner.net, Do. 20-3, Sa., So. 20-5 Uhr. Kiezkneipe und Club, in dem es v. a. um elektronische Musik geht.

103 [D6] **Nachtcafé Augsburg,** Maximilianstr. 60, www.facebook.com/Nachtcafe, tgl. ab 17 Uhr. Klein, aber fein und sehr freundlich. Tolle Cocktails, Shisha und gelegentlich Latinoparties. Mit Plätzen im Freien.

104 [D5] **Pantheon,** Maximilianstr. 67, Mo.-Sa. 11-2, So. 11-24 Uhr. Coole Bar im 1. Stock eines historischen (Kauf-

Mein Tipp

Auf dem Sonnendeck

Eine **Strandbar** mit Liegestühlen und Sonnenschirmen gibt es auf dem Dach des Parkhauses Ludwigstraße. Bei schönem Wetter werden im Sommer Cocktails, Gratisevents und Fußballübertragungen angeboten. Es können eigene Speisen mitgebracht werden, man kann auch an der Bar etwas vom Lieferservice bestellen.

105 [C4] **Sonnendeck,** Ludwigstr. 28, Mi.-So. 11-24 Uhr

Im Sommer ebenfalls beliebt ist der **KultStrand** im Schlachthof-Quartier. Von Anfang Juni bis Mitte/Ende August stehen bei schönem Wetter Liegestühle und Grills zum Mieten zur Verfügung. Es gibt Drinks, Streetfood und Livemusik.

106 [H3] **KultStrand,** Proviantbachstraße 1½, Tel. 65071535, www.kultstrand.de, Mi.-Sa. ab 16 Uhr, Happy Hour 16-18 Uhr, Musik und Events.

Die Maxstraße 5 ist die „Partymeile" der Stadt

136ab Abb.: mb

haus-)Baus. Gleichzeitig Tagescafé, tgl. ab 11 Uhr.

107 [D5] **Peaches,** Maximilianstr. 73, www.peaches-augsburg.de, Di.–Do. 19–2, Fr., Sa. 19–3 Uhr. Beliebte Cocktailbar, die sich über zwei Etagen erstreckt.

Liveveranstaltungen

In der Kulperhütte (s. S. 70), im Parkhäusl (s. S. 70), in den Drei Königinnen (s. S. 69), im Riegele WirtsHaus (s. S. 69), in der Kälberhalle 32 und in der Bar 3M (s. S. 67) gibt es ebenfalls Veranstaltungen.

108 [D5] **11er Fußball. Kultur. Kneipe,** Dominikanergasse 14, Mo.–Fr. ab 19, Sa., So. ab 13 Uhr zu Spielen geöffnet, www.11er.biz. Sportsbar, in der bis zu drei Spiele gleichzeitig gezeigt werden. Tagesgerichte, angenehm eingerichtet.

109 [D4] **Jazzclub Augsburg,** Philippine-Welser-Str. 11, https://jazzclub-augsburg.de. „live @ the jazzclub" (mehrere Livekonzerte im Monat) sowie u. a. „Auxburg Jam Sessions" (1. und 3. Di. im Monat). Die Räumlichkeiten sind nur zu Konzerten geöffnet.

110 [E5] **Thing,** Vorderer Lech 45, www.mein-thing.de, So.–Do. 17–24, Fr., Sa. bis 1 Uhr. Großer Biergarten (bis 23 Uhr), Fußball-Übertragungen (v. a. FCA) und „Tatortabende". Im Winter Veranstaltungsprogramm (Konzerte, Quiz, offene Bühne, Ausstellungen, Schafkopfturniere).

Discos und Clubs

111 [be] **Ballonfabrik,** Austr. 27 (Buslinie 35), https://ballonfabrik.org. Weder Disco noch Club, sondern „fabrik unique" – ein selbstverwaltetes Kulturzentrum mit Veranstaltungen, Live- und DJ-Musik (Postpunk, Punkrock, Techno, Dub, Indie, Metal, Electro).

112 [C3] **Beim Weißen Lamm,** Ludwigstraße 23, www.lamm-klub.net. Tagsüber nettes Café (tgl. ab 12 Uhr) im Retrostil, freitag- und samstagabends sowie vor Feiertagen Clubbetrieb (Indie); auch Poetry Slams u. a. Veranstaltungen.

113 [bi] **Cube Discoclub,** Piccardstr. 6a (Straßenbahnlinie 3/13, Buslinie 41, Nachtbus 94, Haltestelle Bukowina Institut-PCI), www.cube-augsburg.de, nur Fr., Sa. 22–5 Uhr, Eintritt 10 €. Mit drei Bars, modernster Lichttechnik, Chill-out-Zone und überdachtem Raucherbereich. DJ Heed, Partysound, Club- und Chart-Hits zum Tanzen und Feiern.

114 [C5] **Kantine,** Halderstr. 1, www.musikkantine.de. Angesagter Liveclub. Konzerte und Clubnächte aller Art, breites Musikspektrum von Indie, Rockabilly und Dubstep über 80s und 90s, Hip-Hop und Techno bis hin zu Singer Songwriter und Speedmetal. Partys und DJs.

115 [be] **Kesselhaus,** Riedingerstr. 26, www.kesselhaus.eu. Topadresse für elektronische Musik mit Acts (meist Do.–Sa.) wie Sven Väth, Extrawelt oder Moonbootica, im Sommer: auto.matic.open (Open-Air-Techno/-House). Alte Industriehalle mit tollen Ton- und Lichteffekten.

116 [B7] **KKLUB,** Gögginger Str. 10, www.kklub.de. Restaurant, Club und Bar im Kongress am Park. Stylische Kombination aus Bar, Restaurant und Club mit beliebten Tanzparties am Sa. (22–5 Uhr).

117 [D5] **Mo Club,** Afrawald 4, https://moclub.de, Do., Fr., Sa. 23–4/5 Uhr. Tanzclub mit entspannter Atmosphäre, Cocktail-Happy-Hour, Studentenpartys und Ladies' Nights.

118 [D5] **NOX Club,** Maximilianstr. 71, www.clubnox.de, am Wochenende ab 23 Uhr. Club für junge Leute – Latino, Hip-Hop und Deutschrap.

119 [dg] **Ostwerk,** Partnachweg 2, www.facebook.com/ostwerk, Sa. 22–5 Uhr. Livemusikclub und Diskothek. Charts und Partybeats, Liveveranstaltungen (Hip-Hop, Rap u. a.), 1990er-Partys mit DJ Oli Glück, Mashup mit DJs am

Sa., Resident-DJ-Team Freddy & Andi Apitzsch.

120 [G6] **Provino Club,** Provinostr. 35, www.facebook.com/provinoclub, Mi., Fr. ab 18 Uhr (auch im Winter) „Wirgarten-Betrieb", ansonsten zu Veranstaltungen geöffnet. Beliebte Konzertlocation und Kulturzentrum, hervorgegangen aus einer Sportkegelbahn mit Gaststätte und Biergarten aus den 1960er- und 1970er-Jahren. Beliebte „Kegelbahnkonzerte", Filmfestival und Biergarten.

121 [C3] **Soho Stage,** Ludwigstr. 34, www.sohostage.de. Kulturbühne und Club mit breitem Kulturprogramm im Theaterviertel unterhalb der Oh Boi Bar (Fr., Sa. ab 23 Uhr und bei Events/Konzerten).

122 **Spectrum Club,** Ulmer Str. 234a, Tel. 409026, www.spectrum-club.de. Livemusik- und Partyclub, der seit ca. 30 Jahren besteht. Breites Spektrum an Konzerten, kulturellen Veranstaltungen und Partys unterschiedlichster Stilrichtungen. Bands und Wortkünstler sowie Stars wie LaBrassBanda, Gianna Nannini, Konstantin Wecker, Oliver Pocher oder Charlotte Roche traten hier schon auf.

Theater und Konzerte

Was die Theaterszene angeht, sorgte Augsburg schon des Öfteren für eher negative Schlagzeilen. Zuletzt erregten Kosten und Dauer der Staatstheaterrenovierung die Augsburger Gemüter, doch eigentlich ist die Szene lebendig und interessant.

Bühnen

Hauptbühne ist das **Staatstheater Augsburg** 12, ein Vierspartenhaus, dessen Herzstück das **Stadttheater** von 1877 (nach dem Zweiten Weltkrieg neu gebaut) ist. 2016 wurde das Theater wegen „brandschutztechnischer Probleme" geschlossen. 2019 starteten die Sanierungen am Großen Haus, die bis 2025/2026 abgeschlossen sein sollen. Einstweilen werden v.a. folgende Ausweichquartiere genutzt (Infos unter https://staatstheater-augsburg.de):

123 **Altes Rock Café,** Kriegshaberstr. 4, Spielstätte und Studiobühne für das Staatstheater Augsburg, Digitaltheater und Experimentelles.

- **Brechtbühne im Gaswerk** 45, Sitz der Brechtbühne (Schauspiel)
- **Kongress am Park** (s. S. 78)
- **martini-Park** (s. S. 46), Provinostr. 52/Zugang Schäfflerbachstr, Tram 6 bis „Textilmuseum", dann zu Fuß oder mit dem Theatershuttle

Auf der **Freilichtbühne** an den Rote-Tor-Wallanlagen (2100 Plätze) werden von Mitte Juni bis Ende Juli Opern, Operetten und Musicals gezeigt, außerdem gibt es hier Open-Air-Konzerte vor stimmungsvoller Kulisse.

124 [E7] **Freilichtbühne am Roten Tor,** Kennedy-Platz 1

125 [C2] **Kleiner Goldener Saal,** Jesuitengasse 12. In diesem Kongregationssaal des Jesuitenkollegs St. Salvator (mit sehenswerten Fresken) werden z. B. während Mozart@Augsburg (www.mozartaugsburg.com) klassische Konzerte gegeben.

MEIN TIPP

Kartenservice

- Tickets fürs Theater Augsburg u. a. städtische Veranstaltungen erhält man in der Bürger- und Tourist-Info am Rathausplatz (s. S. 114).

126 [D4] **AZ-Kartenservice RT.1,** Maximilianstr. 3, im Kundencenter der Augsburger Allgemeinen, Tel. 7773410, https://ticket.augsburger-allgemeine.de, Mo.–Do. 10–16, Fr., Sa. 10–14 Uhr

- **Konzertbüro Augsburg,** Tel. 4501250, www.konzertbuero-augsburg.de

127 [B7] **Kongress am Park,** Gögginger Str. 10, www.kongress-augsburg.de. In der über 1400 Zuschauer fassenden Halle finden Konzerte – z. B. der Augsburger Philharmoniker –, Musicals, Messen und andere Veranstaltungen statt.

Andere Bühnen

128 [af] **Kulturhaus Abraxas,** Sommestr. 30, Tel. 3246355, https://kulturhaus-abraxas.de. Unter anderem Heimat des Jungen Theaters Augsburg (s. S. 119), aber auch Tanzveranstal-

Alternative Kulturszene

Der gemeinnützige **Kulturpark West** wurde 2007 auf dem Areal der ehemaligen amerikanischen Reese-Kaserne im Stadtteil Kriegshaber gegründet. 2019 musste der Kulturpark in das **Gaswerk** 45 in Augsburg-Oberhausen sowie weitere Locations in Lechhausen und Königsbrunn umziehen. Als denkmalgeschützter Bau bleibt das **Kulturhaus Abraxas** (s. oben).

› www.kulturparkwest.de

Seit 2010 gehört die ehemalige **Ballonfabrik** (s. S. 76) in Augsburg-Oberhausen zum **„Kupa"** und beherbergt **fabrik unique,** ein selbstverwaltetes Kulturzentrum mit Veranstaltungsprogramm (Konzerte u. a.).

› www.ballonfabrik-augsburg.info, https://ballonfabrik.org

Das **Grandhotel Cosmopolis** ist eine Mischung aus Hotel, Asylbewerberunterkunft, Künstlerateliers und Cafébar mit Biergarten in einem ehemaligen Seniorenheim. Von engagierten Augsburgern und mit Unterstützung von Diakonie und schwäbischer Regierung wird am „Konzept einer sozialen Skulptur" gearbeitet. 50 bis 60 Asylbewerber teilen sich derzeit das Haus mit Hotelgästen, für die von Künstlern gestaltete Einzel- und Doppelzimmer zur Verfügung stehen. Dazu gibt es ein vielseitiges Veranstaltungsprogramm, Workshops und Initiativen, außerdem die **Grande Cuisine Cantine** (Fr., Sa.), eine Café-Bar (Di.–Sa. 10–22 Uhr), einen Shop und die „Seiferei" (auch im Kaufhaus Konrad, s. S. 85, und im Internet: https://seiferei.noblogs.org).

•**129** [D3] **Grandhotel Cosmopolis,** Springergässchen 5, https://grandhotel-cosmopolis.org

Ein alternativer und interkultureller Klassiker in Augsburg ist das **Neruda Kulturcafe** im Domviertel, betrieben vom Kültürverein. Organisiert werden Events, es gibt Konzerte, Diskussionen u. v. m.

130 [C3] **Neruda Kulturcafe,** Alte Gasse 7, www.facebook.com/kulturcafe.neruda, tgl. ab 19 Uhr

KarmaN e.V. (www.karman-ev.de) ist ein Verein zur Förderung des interkulturellen Austauschs in Augsburg. Er veranstaltet Weltmusik-Konzerte an verschiedenen Orten, z. B. auf dem Annahof und im Augustanasaal (s. S. 26).

Ein anderes wegweisendes Projekt ist **„Tür an Tür"** im ehemaligen Trambahndepot beim Mazda Classic – Automobil Museum Frey (s. S. 65). Hier finden Migranten, Asylsuchende und Flüchtlinge eine Zuflucht (mit nettem Café und Veranstaltungen, https://tuerantuer.de).

Grüne Projekte sind die **Urbanen Gärten Augsburg** (www.nachhaltigkeit.augsburg.de/agendaforen/arbeitskreis-urbane-gaerten), zu denen z. B. der Interkulturelle Gemeinschaftsgarten in Kriegshaber oder die You Farm (v. a. für Familien mit Kindern) in Pfersee gehören.

Ein interessantes **ökologisches Internetmagazin** mit aktuellen Informationen ist unter https://lifeguide-augsburg.de zu finden.

tungen und anderes. Integriert ist der Reesepark Café-Restaurant-Biergarten (Do.–So. ab 17, Sa., So. ab 9 Uhr), wo es Frühstück, selbstgemachte Torten und Kuchen, einen traumhaften Garten sowie eine Spielwiese gibt.

131 [D4] **Kulturhaus Kresslesmühle,** Barfüßerstr. 4, Tel. 36125, www.kresslesmuehle.de. 1977 eröffnet als Bürgerhaus in der Augsburger Altstadt in einer 500 Jahre alten Mühle im Lechviertel gegenüber der Stadtmetzg, zählt es mit dem Nürnberger KOMM zu den ersten soziokulturellen Zentren in Bayern. Inzwischen hat sich die „Mühle" vor allem im Bereich der Kleinkunst und des Kabaretts einen Namen gemacht. Comedystars wie Django Asül oder Michael Mittermeier wurden hier groß. Die Mühle ist Treffpunkt und Ort für interkulturelle Begegnungen, künstlerische Experimente und zugleich offene Bühne für den Nachwuchs. Mit veganem Lokal Café Dreizehn (s. S. 68).

› **Parktheater im Kurhaus Göggingen** 42. Veranstaltungen aus allen Bereichen, u. a. Kabarett-Open-Air im Juli, Konzerte und Lesungen in exquisitem Ambiente. Mit angegliedertem Restaurant.

132 [H4] **S'ensemble Theater,** Bergmühlstr. 34, Tel. 3494666, www.sensemble.de. „Kulturfabrik" (120 Plätze) mit zeitgenössischem Programm. Im Sommer gibt es Auftritte auf der „kleinen Augsburger Freilichtbühne" in der mittelalterlichen Stadtmaueranlage des Jakoberwallturms (80 Plätze). Gespielt werden aktuelle Gegenwartsstücke und Improvisationstheater, vielfach zur Augsburger Geschichte. Das Theater ist auch Veranstaltungsort der Augsburger Literaturgespräche und Ausrichter des Internationalen Impro-Festivals im martini-Park.

133 [C2] **Theater in der Frauentorstraße (TiF),** Frauentorstr. 29 (Kolpingsaal), www.tif-augsburg.de, Tel. 65790. Wechselnde Stücke an Wochenenden im Oktober und November, günstige Tickets, freie Platzwahl.

› Gutes Kabarett wird neben Konzerten und Veranstaltungen auch in den Stadthallen der Nachbargemeinden **Gersthofen** (www.stadthalle-gersthofen.de) und **Neusäß** (www.neusaess.de/de/Kultur-und-Freizeit/Veranstaltungskalender) geboten.

Programmkinos

Augsburg hat **Kinotradition:** 1906 eröffneten in der Bürgermeister-Fischer-Straße die Luitpold-Festspiele, 1907 folgte das Thalia am Obstmarkt, das bis heute existiert. Nachfolgend entstandene Kinos wie Emelka, Tivoli, Capitol und Filmpalast wurden überwiegend von den „Großen" geschluckt. Neben den Multiplexkinos **Cinestar** (am Hbf.) und **CinemaxX** in der City-Galerie [F5] gibt es aber noch einige private Kinobetreiber wie Franz Fischer und Ellen Gratzka (City Kinos) sowie Tom Dittrich (Liliom). In der Stadtmitte gibt es derzeit noch fünf Kinos. Die **City Kinos Augsburg** (www.lechflimmern.de) sind ein Zusammenschluss der Programmkinos Thalia und Mephisto. Das ebenfalls zugehörige Savoy wird schon seit geraumer Zeit renoviert. Sie sind zugleich Veranstalter des **Open-Air-Sommerkinos Lechflimmern.**

134 [af] **Lechflimmern Kino Open Air – Familienbad am Plärrer,** Schwimmschulstr. 5, www.lechflimmern.de, Sommerkino auf zwei Leinwänden im Freibad

135 [D3] **Liliom,** Unterer Graben 1, Tel. 514084, www.liliom.de. Kino mit Gastronomie in historischem Gemäuer eines alten Brunnenwerks aus dem 16. Jh. Schöner Biergarten.

136 [D4] **Mephisto,** Karolinenstr. 21

137 [D3] **Savoy,** Schmiedberg 5, derzeit Renovierung, Datum der Wiedereröffnung noch unklar (Stand: Herbst 2023).

138 [D3] **Thalia Kino,** Obstmarkt 5

Augsburg zum Stöbern und Shoppen

Haupteinkaufszone der Stadt ist die **Fußgängerzone** im Bereich Annastraße, Martin-Luther-Platz, Philippine-Welser-Straße, Rathausplatz, Bürgermeister-Fischer-Straße/Moritzplatz und „Kö". Zentrale Achse ist die Annastraße [C5–D4], an ihr befindet sich auch der **Stadtmarkt** ⓫. Das einzige größere Einkaufszentrum im Zentrum ist die **City-Galerie.**

Während in der Fußgängerzone Läden bekannter Filialisten zu finden sind, hat die **Altstadt** Individuelles und Kreatives zu bieten. Das Areal um Weiße Gasse, Pfladergasse, Judenberg, Vorderer Lech und Hunoldsgraben [D4] weist ausgefallene Shops auf; auch entlang der Dominikaner-/Wintergasse [D5] wird man fündig. Die **Bäckergasse** [E5/6] und die umliegenden Altstadtgassen lohnen ebenso wie **Frauentorstraße** [C2] und **Hoher Weg** [D3] (ab Dom), der Richtung Stadtzentrum in die **Karolinenstraße** übergeht, einen Besuch. Auch Perlachberg, Barfüßer- und **Jakoberstraße** eignen sich für einen Bummel.

Sofern die Geschäfte reguläre **Öffnungszeiten** (Mo.–Fr. 9/10–18/19 und Sa. 9/10–mind. 16 Uhr) haben, wurden diese nicht gesondert angegeben.

Mode, Boutiquen und Spezialshops

139 [D4] **behütet,** Pfladergasse 18, http://be-huetet.de. Hutcouture – kleiner Laden, in dem handgefertigte Hüte und Mützen angeboten werden.

140 [D3] **DearGoods Augsburg**, Frauentorstr. 7, www.deargoods.com, Mo.–Fr. 11–18, Sa. 10.30–18 Uhr. Faire, bio-zertifizierte und vegane Mode und Accessoires, u. a. schöne (Kunstleder-)Rucksäcke von Matt & Nat.

141 [D5] **Fräulein D.,** Dominikanergasse 4 (Antoniushof), www.fraeulein-d.de, ab 11 Uhr. Boutique mit Trendlabels wie Vive Maria, Zand Amsterdam u. a. Marken aus aller Welt. Angesagte Kleidung für Damen, Accessoires und Textilien, Bademode sowie Taschen.

142 [E5] **Gerberei Aigner,** Vorderer Lech 32, www.hirschleder-aigner.de. Alteingesessenes Familienunternehmen mit eigener Ledergerberei. Auf dem Dachboden hängen noch die Lederhäute (Hirsch) zum Trocknen. Sie werden auf traditionelle Weise mit Dorschlebertran gegerbt (Sämischgerbung). Im Angebot sind Trachtenmode, Jacken, Taschen, Gürtel und Accessoires.

143 [C4] **Glore**, Grottenau 2/Ludwigstr., www.glore.de/concept-stores/augsburg. Kleidung, fair gehandelt, ökologisch nachhaltig und mit ethischem Anspruch produziert. Große Auswahl an Jeans und langlebiger „Slow Fashion".

144 [D3] **Hutsalon am Dom,** Frauentorstr. 9, https://hutsalon.de, Mo.–Fr. 9.30–12, 15–17, Sa. 9.30–12 Uhr. Altehrwürdiges Hutatelier mit individuellen Modellen, Mützen und Accessoires, das seit 1964 von Putzmachermeisterin Anneliese Hartung betrieben wird.

145 [D4] **Kleidsam,** Am Perlachberg 6, www.kleidsamaugsburg.de, Mo.–Fr. 11–18, Sa. 11–16 Uhr. Aktuelle Designermode, neu und gebraucht, qualitativ hochwertig und zu erschwinglichen Preisen.

Shoppingareale

Die wichtigsten Shoppingbereiche der Stadt sind im Kartenmaterial mit einer rötlichen Fläche markiert.

146 [E4] **Life Tree**, Oberer Graben 15, www.life-tree.de, Di., Do. 13–19, Sa. 11–19 Uhr. Augsburger Modelabel mit Motiven von Martin Benedek auf natürlichen, fair gehandelten (großteils Bio-) Materialien. Für Damen, Herren, Kinder. Auch Accessoires wie Mützen und Taschen.

147 [D4] **Manomama**, Steingasse 10, www.manomama.de. Von Sina Trinkwalder 2010 gegründete Textilfabrik, die Kleidung und Accessoires ökologisch, möglichst aus regional vorhandenen Materialien produziert und Beschäftigte einsetzt, die auf dem regulären Arbeitsmarkt wenig Chancen haben.

148 [E5] **Ninnerl Trachtenmanufaktur,** Vorderer Lech 27, www.ninnerl.de, Di.–Fr. 11–18, Sa. 10–18 Uhr. Handarbeiten aus Bayern, Dirndl und Lederhosen etc. Dazu gehört meiTherese mit Schmuck und Accessoires (www.meitherese.de).

149 [D5] **Oui Store,** Maximilianstr. 57. Schicke und ungewöhnliche Bekleidung für Frauen.

150 [D4] **Rübsamen Fashion Galerie,** Karolinenstr. 10. Mode aller bekannten Marken und Wohn-Accessoires. Im UG großer Weihnachtsartikelmarkt.

151 [D7] **Samobie**, Bismarckstr. 11, https://samobie.blogspot.com. Netter Atelier-Laden im Bismarckviertel, in dem Kleidung und Taschen selbst entworfen und gefertigt werden. Alles landet erst im Showroom, wenn der Stoff geprüft und gewaschen ist. Ziele sind Nachhaltigkeit, lange Tragbarkeit sowie das Eingehen auf Kundenmaße und -wünsche.

152 [C4] **SUSLET Outlet**, Ludwigstr. 16, https://suslet.com, Mo.–Sa. 10–19 Uhr. „Bio & fair"-Produkte günstig, v. a. Kleidung, z. B. des Labels „Degree Clothing" des Augsburgers Fabian Frei. Außerdem Wohnaccessoires, Taschen etc. Weiterer günstiger Lagerverkauf s. Website.

153 [E4] **VINTY'S,** Oberer Graben 4, www.vintys.de/shops/vintys-augsburg, Di.–Fr. 11–17.30, Sa. 11–17 Uhr. Vintage- und Secondhand-Mode auf zwei Etagen. Retro-Teile, Schuhe und Accessoires. Auch Fairtrade-Produkte und Café-Ecke.

Trendshops, Sport und Freizeit

154 [D4] **Bergsporthütte Augsburg,** Pfladergasse 1, www.bergsporthuette.de. Ein alteingesessenes Bergsportfachgeschäft, das alles führt, was der Wanderer, Climber und Bergsteiger braucht.

155 [D4] **Mad Motion,** Schmiedgasse 5, Mo.–Fr. 10–12, 13–18, Sa. 11–16 Uhr. Alles für Radler sowie Skateboarder, BMX-Fahrer und andere Trendsportler, aber auch große Auswahl an Craft Beer.

156 [E4] **McTramp,** Jakobsplatz 1, https://mctramp-outdoor-shop.de. Alles für Tramper, Freizeitsportler, Wanderer u. a. Outdoorfreaks – der älteste Outdoorladen der Stadt.

157 [D3] **Mullu's Boards. Clothing,** Karlstr. 2, http://mullus.de, Mo.–Mi. 11–18.30, Do., Fr. 11–19, Sa. 10–18 Uhr. Boards aller Art und Livestyle-Artikel.

158 [D5] **Titus,** Wintergasse 9, www.titus.de, Mo.–Fr. 11–19, Sa. 10–18 Uhr. In diesem Skateshop gibt es Kleidung und Schuhe, Taschen, Accessoires, Boards und Zubehör. Mit Onlineshop für Skateboarding- und Streetwear-Artikel.

Souvenirs, Kunsthandwerk etc.

159 [E6] **Atelier Sorellas,** Kirchgasse 26, https://sorellas-design.de, https://naikunaiku.de. Zwei Frauen, zwei Materialien – Kimonostoffe und handbemalte Keramik – unter einem Dach, in einem Atelier.

160 [D4] **Blütenstern**, Barfüßerstr. 8, https://bluetenstern.de. Netter, kleiner Laden mit nachhaltigen Produkten, v. a. Naturkosmetik und Kleidung ausgewählter Händler, dazu kosmetische Behandlungen.

161 [D4] **Die Töpferei,** Weiße Gasse 5, www.die-toepferei.net. Wunderschöne Keramik und Augsburg-Souvenirs, angeboten in einem historischen Handwerkerhaus.

162 [E6] **Eigenhaendig,** Kirchgasse 26, www.eigenhaendig-raab.de, Mi.–Fr. 13–19, Sa. 11–14 Uhr. Schmuck und Objekte von Yvonne Raab. „Funky" Ringe, Uhren, viel Ungewöhnliches. Allein die Schaufensterdekoration ist schon sehenswert.

163 [D4] **IdeenReich,** Hunoldsgraben 26, www.ideenreich-augsburg.de, Mo.–Fr. 11–18, Sa. 10–18 Uhr. Hier gibt es Wohnaccessoires, Dekorationsideen, Lifestyle- und Modeartikel wie ausgefallene Taschen, Textilien, Schmuck etc. sowohl für Erwachsene als auch für Kinder. Filiale am Stadtmarkt:

164 [C4] **IdeenReich Am Stadtmarkt,** Fuggerstraße 12 a, Mo.–Fr. 10–18, Sa. 9.30–14 Uhr

165 [E4] **Kadoh,** Vorderer Lech 10, www.kadoh.de. Modeaccessoires und -schmuck, Wohnaccessoires, Dekoratives, Stoffartikel u. v. m.

› **Shop im tim** 31. Schöne Mitbringsel, z. B. gewebte weiße Fugger-Barchent-Trockentücher, blau-weiße Frottierhandtücher oder blau karierte „Schlossertücher" mit „Made in Augsburg"-Schriftzug.

MEIN TIPP

Shop 'n' Stop

› **Augustin Kaffee** (s. S. 83)

171 [D7] **malzeit**, Bismarckstr. 14, www.facebook.com/malzeit.augsburg, Di.–Fr. 10–18.30, Sa. 10–16 Uhr. Café und Shop mit Bio-Kaffee-Espressobar und hausgemachten Kuchen, Küchen- und Wohnaccessoires, Geschenkartikeln, Kunst und Schmuck, Fair-Trade-Produkten und regionaler Feinkost.

172 [D5] **Schuh Schmid,** Bürgermeister-Fischer-Str. 9. Schuhe, Bekleidung, Accessoires und dazu ab 9 Uhr im OG ein nettes Café.

166 [D4] **Weltladen**, Weiße Gasse 3, https://weltladen-augsburg.de. Handwerk und fair gehandelte Produkte aus aller Welt, eigene Kaffeerösterei, Lebensmittel und Schokoladen sowie Schmuck und Kunsthandwerk, CDs u. v. m.

› Schöne **Augsburg-Souvenirs** aller Art gibt es auch im Internet: https://bee-design.mombee.de/collections/augsburg-souvenirs.

› Die **Augsburg-Shirts,** die es bei Tonträger (s. S. 83) zu kaufen gibt, sind sehr beliebt.

Schmuck

167 [D4] **Die Alte Silberschmiede,** Pfladergasse 10, https://silberschmiede.de. Denkmalgeschütztes Handwerkerhaus, in dem schon ab 1670 Gold bearbeitet wurde und wo heute exklusiver Schmuck verkauft wird. Seit 1977 in Familienbesitz. Romantischer Innenhof mit Edelsteinbrunnen von Goldschmiedemeister Max Bartel, zugleich Veranstaltungsort eines Weihnachtsmarktes.

168 [C2] **Goldschmiede Bader,** Frauentorstr. 21, Di.–Fr. 10–12.30 und 14–18, Sa. 10–12.30 Uhr. Unikate an handgefertigtem Schmuck, auch nach Kundenwunsch entworfen, idyllischer Weihnachtsverkauf in der Vorweihnachtszeit.

169 [D5] **Patricia Ganzenmüller,** Vorderer Lech 16, www.patriciaganzenmueller.de. Schmuck, Edelsteine und Geschenke.

170 [D4] **Perletti,** Barfüßerstr. 8, https://perletti.de, Mo.–Fr. 11–18, Sa. 11–14 Uhr. Schmuckunikate der Designerin Dagmar Rippl mit Glasperlen aus aller Welt.

Augsburgs lange Silberschmiedetradition zeigt sich an den vielen Schmuckläden

Bücher und Musik

173 [D5] **Antiquariat Schreyer,** Maximilianstr. 65 (im Innenhof), www.antiquariat-schreyer.de, Di.–Fr. 10–13 und 15–18, Sa. 10–13 Uhr. Antiquarische Bücher (auch Internetshop).

174 [C4] **Bücher Pustet,** Annastr. 4. Die Traditionsbuchhandlung mit Stammsitz in Regensburg unterhält in der Augsburger Fußgängerzone eine kleinere Filiale.

175 [D3] **Buchhandlung am Obstmarkt,** Obstmarkt 11, Tel. 518804, https://buchhandlung-am-obstmarkt.de. Buchhandlung mit eigenem Brecht-Raum mit Mackie-Messer-Drehorgel, viel Literatur von/über Brecht, neue und antiquarische Bücher sowie Veranstaltungen/Lesungen.

176 [D5] **Buchhandlung Rieger & Kranzfelder,** Maximilianstr. 36, www.rieger-und-kranzfelder.de. Eine der wenigen verbliebenen, größeren unabhängigen Buchhandlungen in der Stadt. Viel Regionalliteratur sowie Blick auf den Damenhof (s. S. 21).

177 [C4] **Schlosser'sche Buchhandlung,** Annastr. 20, https://schlossersche.buchhandlung.de. Alteingesessener, gut sortierter Buchladen in der Fußgängerzone.

178 [C5] **Taschenbuchladen Krueger,** Färbergäßchen 1, www.lesenswert-buch.de. Klein, aber fein und betrieben von eingefleischten Buchhändlern, mit viel Wissen und exzellenter Beratung; Schwerpunkt Literatur.

179 [D5] **Tonträger – underground music & fashion,** Wintergasse 7, www.tontraeger.de, Do., Fr. 14–19, Sa. 12–16 Uhr. Die erste Adresse in Augsburg für aktuelle (aber auch vergriffene) Schallplatten und CDs, betrieben seit 1998 von Christian Feckler aka Rerun/DJ Ruction. Elektronische Tanzmusik wie Techno, House und Dubstep, auch Hip-Hop, Funk, Disco, Reggae und Indie. Verkauft werden auch kultige Shirts mit Augsburgblume, Hoodies, Beanies etc., sogar für Kinder.

009ab Abb.: mb

Kulinarisches

180 [E4] **Augsburger Gewürze-Kräuter-Tee-Haus,** Mittlerer Lech 20, https://augsburger-gewuerz-kraeuter-tee-haus-koessler-mayr-2.jimdosite.com. In Augsburg hat der Handel mit Gewürzen und Kräutern lange Tradition: Bereits im 15. Jh. brachte Jakob Fugger Gewürze von Venedig hierher und auch die Welser handelten damit. Die Familie der Ladenbesitzerin befasst sich schon seit mehreren Generationen mit Gewürzen und Kräutern, außerdem gibt es Tees sowie Bienen- und Ayurveda-Produkte.

181 [D4] **Augustin Kaffee,** Philippine-Welser-Str. 17, https://augustin-kaffee.de. Alteingesessenes Kaffeegeschäft mit Kaffee, Tee, Feinkost, Spirituosen, Geschenken u. v. m.

182 [D4] **Cumpanum,** Annastr. 1, www.cumpanum.de. 100 % biozertifizierte Backwaren, komplett ohne Weizen, keine Backmischungen oder technische

Enzyme. Bäckermeister André Heuck betreibt inzwischen mehrere Filialen im Stadtgebiet.

183 [D4] **Datteleria,** Pfladergasse 5, https://datteleria.de, Mo.–Do. 14–18, Fr., Sa. 11–18 Uhr. Verschiedene Dattelsorten u. a. Dattelprodukte wie Essig, Dattelmus, gefüllte Datteln, Dattelplätzchen, Schokodatteln etc.

184 [D5] **Ertls BitterSüß,** Vorderer Lech 18. Tischchen vor dem Laden, an denen man Schokolade, Kaffee oder Uli-von-Bocksberg-Eis vom Bauernhof und hausgemachten Schokokuchen genießen kann. Außerdem Produkte internationaler Chocolatiers.

185 [D5] **Galerie Süßkind,** Dominikanergasse 9, http://galeriesuesskind.blogspot.com, Di.–Fr. 10–18, Sa. 10–16 Uhr. Exquisite Schokokreationen weniger bekannter Chocolatiers und dazu eine Galerie, in der Künstler der Region ausstellen.

186 [D4] **Joh's Becker,** Judenberg 7, https://schoko-becker.de. Tee, Pralinen, Kakao, exklusive Schokoladen und Lebkuchen sowie Geschenkartikel.

157ab Abb.: mb

187 [D4] **Kolonial,** Mittlerer Lech 2, www.kolonial-augsburg.de, Mo.–Fr. 10–19, Sa. 10–16 Uhr. „Laden aus 1001 Nacht" mit Spezialitäten aus aller Welt, aber auch aus der Region. Gewürze, Öle, Schnäpse und Weine, Brot und Gebäck sowie Küchenutensilien und eine kleine, aber feine Bücherabteilung (Schwerpunkt: Literatur, Reise, Kochen, Kinder).

188 [D4] **No. 7,** Steingasse 7, www.no7.de. Erlesene Rauchwaren (Humidor) und Spirituosen, aber auch Mitbringsel und Geschenkartikel wie Schweizer Taschenmesser.

189 [D4] **O Moliceiro,** Pfladergasse 8, Mo.–Fr. 15–18, Sa. 12–18 Uhr. Kleiner Laden mit portugiesischen Köstlichkeiten aller Art.

190 [D4] **Sesula Café,** Pfladergasse 20, Mo.–Fr. 9.30–20, Sa. 10–20 Uhr. Kaffee, Gebäck und Nüsse.

11 [C4] **Stadtmarkt.** Markt mit Spezialitäten aus Nah und Fern. In zwei großen Hallen und an über 100 Ständen werden Obst, Gemüse, Blumen, Backwaren, Fisch, Käse, Fleisch, Wurst, internationale Feinkost und Blumen angeboten. Dazu gibt es eine Imbisszeile in der „Käsehalle" (Viktualienhalle) und Deftiges in der „Fleischhalle" (Stehimbiss) bzw. in der „Fischzeile" bei Stormanns Nudelmanufaktur.

191 [E6] **Tee Wolf,** Bäckergasse 11, www.tee-wolf.de, Di.–Fr. 10–16, Sa. 10–14 Uhr. Über 180 Teesorten, Accessoires und Süßes sowie guter Kaffee und Espresso aus einer kleinen Augsburger Bio-Rösterei, dazu gute Beratung.

192 [D4] **Viola's Augsburg,** Annastr. 5, www.violas.de. Gewürze und Delikatessen, Essige, Öle, v. a. interessante Gewürzmischungen in Mühlen.

Auf dem Augsburger Stadtmarkt 11 gibt es täglich frische Ware

Verschiedenes

› **Al-Shaba Alepposeife**, Pfladergasse 5 (Teil der Datteleria, s. S. 84). Wohlriechende Naturseifen aus der Gegend um Aleppo (Syrien), außerdem 100 % biologisches Olivenöl sowie kunstvoll hergestellte Schachbretter und Wasserpfeifen.

193 [D5] **Green Glam**, Apothekergäßchen 3, www.greenglam.de. Große Auswahl exklusiver Bio-Natur-Kosmetik (auch online) und angenehmes Ambiente.

194 [D3] **Hofapotheke St. Afra**, Hoher Weg 11, www.hofapotheke-augsburg.de. 1556 gegründete bischöfliche Hofapotheke zu St. Afra, spezialisiert auf Homöopathie. Verkauft allen Augsburgern bekannte Eigenprodukte wie den legendären „Afra Balsam".

195 [D4] **'s Fachl Augsburg,** Am Perlachberg 5, www.fachl.at/de-de/augsburg. Geniales Konzept, bei dem Kleinproduzenten aller Art Regalfläche mieten und ihre Waren verkaufen können. Kulinarisches, Kunsthandwerk, Praktisches etc., dazu Lese- und Chill-out-Ecke.

196 [ag] **Kaufhaus Konrad,** Augsburger Str. 25, https://kaufhaus-konrad.de. Vollsortiment-Kaufhaus in Familienbesitz in Pfersee, das schon fast Nostalgiegefühle aufkommen lässt. Auch Kunsthandwerk lokaler Künstler.

197 [E4] **Schäfflerbach Werkstätten Augsburg**, Barfüßerstr. 10, https://schaefflerbach-werkstaetten.de, Do., Fr. 14–17, Sa. 11–14 Uhr. Produkte aus einer lokalen Werkstatt für Menschen mit Hilfebedarf. Textil- und Holzartikel, Kerzen, nette Geschenke.

198 [ag] **Via Vai,** Augsburger Str. 36, https://cristina-divalentin.com, Mi.–Sa. 10–18 Uhr. „Unikatelier" mit vielen Vintage- und Retro-Artikeln, v. a. Wohnaccessoires, Möbel und Antiquitäten aus den 1950er-Jahren. Tolle Präsentation und netter Service.

Augsburg zum Durchatmen

Die Farbe Grün ist nicht nur eine der drei Stadtfarben (Rot, Grün, Weiß), sondern prägt auch zu einem Viertel das Stadtgebiet. Hinzukommen unzählige Wasserkanäle, Bäche und die beiden Flüsse Lech und Wertach, die ebenfalls „Freizeitwert" haben.

Allein die Wälder nehmen im Augsburger Stadtgebiet mehr als 3000 ha und damit rund ein Fünftel der Gesamtfläche ein. Der **Siebentischwald** 37 umfasst zusammen mit dem Haunstetter Wald 1580 ha. Er gilt als Naherholungsgebiet Nr. 1 und Paradies für Läufer, Spaziergänger, Radler, Freizeitsportler und, da sich hier der beliebte Kuhsee und die Kanu-Wildwasserstrecke befinden, auch für Sonnenanbeter und Wasserfreunde.

Die sogenannten **Siebentischanlagen** (s. S. 52), zu Beginn des 20. Jh. angelegt und 27 ha groß, verbinden die Innenstadt mit dem Siebentischwald. Teiche, Kanäle, Spielflächen, Minigolf und Gaststätten gehören dazu, am Rand laden außerdem Zoo 39 und Botanischer Garten 38 zum Besuch ein und die **Sportanlage Süd** (s. S. 122) – nahe dem Stempfle See – bietet Gelegenheit zu intensiver sportlicher Betätigung.

Am östlichen Rand des Areals liegt der **Kuhsee** 40, Augsburgs Badeweiher, ein in den 1970er-Jahren künstlich geschaffener See mit Erholungswert. Im Sommer bevölkern bis zu 10.000 Badegäste die Ufer und es kann eng werden. In den Zonen am südlichen Seeufer darf sogar gegrillt werden. Auch im Winter ist der See, wenn er zugefroren ist, ein beliebtes Ausflugsziel, da man hier Schlitt-

158ab Abb.: mb

schuh laufen, Pond Hockey spielen oder Eisstock schießen kann.

In der Nähe der Innenstadt befindet sich der große **Wittelsbacher Park** 35 mit Sport- und Spielplätzen, außerdem lohnen die **Kahnfahrt** (Ausflugslokal am Wasser und Bootsverleih) und die sich anschließenden Grünanlagen am **Jakoberwall** [E5/F4], der Stadtwall am **Lueginsland** 18 oder um das **Rote Tor** 28. Nur einen Katzensprung westlich des Bahnhofs erstreckt sich über mehrere Kilometer der **renaturierte Uferbereich der Wertach** und ein Stückchen weiter, ebenfalls in Pfersee, der planerisch gelungene **Westpark.** Wo bis 1998 die U.S. Army mehrere Kasernenareale betrieb und auf dem ehemaligen Militärgelände aus der Nazizeit eine eigene kleine Stadt aufgebaut hatte, entstand ab 2005 ein 60 ha großer Park. Der Westpark besteht aus zwei Teilen, dem **Sheridanpark** und dem **Reesepark,** dazwischen liegt der Westfriedhof. Rund 4 km Wegstrecke führen von Pfersee im Süden über den Westfriedhof nach Kriegshaber im Norden – ideal geeignet für Radfahrer, Fußgänger und Skater. Am Rand entstanden zudem neue Wohnviertel sowie ein Gewerbegebiet und es gibt vielerlei Spiel- und Sportflächen.

Direkt in der **Innenstadt** (zwischen Dom und Stadttheater) lädt der **Hofgarten** (s. S. 31) zum idyllischen Päuschen ein. Nur wenige Schritte entfernt sitzt es sich im **Fron-**

Ein grünes Idyll: das Augsburger Kräutergärtlein (s. S. 42)

hof (15) ebenso schön unter botanischen Raritäten. Das **Kräutergärtlein** (s. S. 42) am Stadtwall (nähe Rotes Tor) ist ebenfalls ideal zum Verschnaufen und direkt an der Maxstraße verbirgt sich mit dem **Hof des Schaezlerpalais** (6) ein weiteres grünes Kleinod.

Wer gerne Natur pur genießen möchte, ist im 1200 km² großen Areal westlich der Stadt, im **Naturpark Augsburg – Westliche Wälder**, zu dem die Stauden mit dem beliebten Ausflugsziel **Kloster Oberschönenfeld** (46) gehören, am besten aufgehoben.

Zur richtigen Zeit am richtigen Ort

Mancher Besucher mag zwar gehört haben, die Schwaben seien häuslich, sparsam und zurückhaltend, doch während der Feste und Veranstaltungen, die das ganze Jahr über stattfinden, gerät sogar der „Augschburger" richtig aus dem Häuschen.

Frühjahr

- **Brechtfestival,** https://brechtfestival.de: Um bzw. nach Bert Brechts Geburtstag (10. Februar) feiert die Stadt ihren berühmtesten Sohn mit unterschiedlichen Veranstaltungen. Das zehntägige, spartenübergreifende Programm lädt zur Auseinandersetzung mit Brecht auf verschiedenen Ebenen ein.
- **Frühjahrs-Plärrer,** https://augsburger-plaerrer.de: Ab dem Ostersonntag findet zwei Wochen lang das große Volksfest auf dem Plärrergelände statt, mit großem Feuerwerk an beiden Freitagabenden.
- **Osterdult**: Gleichzeitig mit dem Frühjahrs-Plärrer wird in der Jakobervorstadt (s. S. 43) eine bunte Dult (ein Jahrmarkt) mit Verkaufsständen und Fressbuden auf etwa einem Kilometer Strecke veranstaltet.
- **Salsafestival,** www.salsafestival-augsburg.de: An einem Wochenende Anfang Mai trifft sich im Parktheater (s. S. 79) die internationale Elite des Salsa.

Sommer

- **Augsburger Stadtsommer,** www.augsburger-stadtsommer.de: Unter diesem Slogan finden in den Sommermonaten Veranstaltungen wie Lange Kunstnacht, Augsburger Sommernächte, La Strada, die Radlwoche, Sommer am Kiez, kunstWERK Open Air, SummerStage (Gaswerk), Open-Air im Brunnenhof oder Lechflimmern (alle s. S. 87) statt.
- **Modular Festival,** https://modular-festival.de: Jugendfestival mit zahlreichen Bands auf dem Gelände des Gaswerks (45) an einem Wochenende Ende Mai/Anfang Juni.
- **US Car Treffen,** https://acfa-augsburg.de/us-car-treffen-augsburg: Am zweiten Sonntag im Juni versammeln sich auf dem Parkplatz des Möbelhauses XXX-Lutz in Haunstetten tolle Autos, Trucks und Bikes, es gibt aber auch Imbissstände und Händler sowie Musik und Verlosungen.
- **Mozartfest,** https://mozartstadt.de/mozartfest: Zwei Wochen im Juni stehen ganz im Zeichen des berühmten Musikers.
- **Sommer am Kiez – SAK,** www.sommeramkiez.de: Schon legendäres Festival im Juni/Juli, Konzerte im Gaswerk (45) und auf dem Helmut-Haller-Platz vor dem Bahnhof Oberhausen.
- **Freilichtbühne am Roten Tor,** https://staatstheater-augsburg.de/freilicht

159ab Abb.: mb

buehne: Mitte/Ende Juni bis Ende Juli/ Anfang August zeigt das Staatstheater Augsburg ein Stück (Operette/Oper/ Musical) auf der schönsten Freilichtbühne Deutschlands (s. S. 77). Außerdem finden gelegentlich Open-Air-Konzerte u. a. Aufführungen, z. B. im Rahmen des Augsburger Stadtsommers, statt.

- **kunstWERK Open Air Gaswerk,** https://kunstwerk-gaswerk.de: Im Juli finden zwei Wochen lang Konzerte auf dem Gaswerk-Areal 45 statt, freier Eintritt an Sonntagen (mit Markt und Spielen sowie Führungen).
- **Lechflimmern** (www.lechflimmern.de) nennt sich eine Freiluftkino-Serie der Stadt (Ende Juni–Mitte September). Im Familienbad am Plärrer stehen dann zwei Leinwände und auch die beliebte Kurzfilmnacht findet Mitte Juli hier statt (s. S. 79).
- **Internationaler Augsburger Jazzsommer,** https://augsburger-jazzsommer.de: Von etwa Anfang Juli bis Mitte August finden auf verschiedenen Bühnen, großteils im Botanischen Garten 38 und im Brunnenhof des Zeughauses 8, zahlreiche Jazzkonzerte mit bekannten Musikern statt.
- **Jakober Kirchweih:** Ende Juli unterhält das älteste Volksfest Augsburgs in der Jakobervorstadt (s. S. 43) eine Woche lang mit Verkaufsständen, Karussells und Bierzelt.
- **La Strada,** www.augsburger-stadtsommer.de/lastrada: Im Rahmen des Augsburger Stadtsommer-Programms unterhalten an einem Wochenende Ende Juli Straßenkünstler aus aller Welt auf dem Elias-Holl-Platz (hinter dem Rathaus) und anderen Plätzen in der Neu- und Altstadt. Eintritt frei, mit Gastronomie.
- **Hohes Friedensfest Augsburg,** www.friedensstadt-augsburg.de: Am 8. August feiert die Stadt ihren besonderen Feiertag, doch das Veranstaltungsprogramm beginnt schon Anfang Juli und schließt an den beiden letzten Wochenenden vor dem 8. August mit dem **Festival der Kulturen/Water & Sound** (https://waterandsound.de). Höhepunkte sind der

Jazz im Botanischen Garten 38 beim Internationalen Augsburger Jazzsommer

MEIN TIPP

Augsburger Christkindlesmarkt

Vor der imposanten Kulisse des Rathauses 1 und des Perlachturms 2 findet einer der schönsten und ältesten Weihnachtsmärkte Deutschlands statt. Im Zentrum des über 500 Jahre alten **Christkindlesmarktes** stehen ein riesiger Weihnachtsbaum und eine überdimensionale Engelespyramide, dazu eine Krippe neben dem im Winter eingehausten Augustusbrunnen. Seit 1977 gehört zu den Höhepunkten das **Engelesspiel:** Auf einem der Rathausbalkone spielen und singen dann „Engel" weihnachtliche Weisen. Zudem wird am Verwaltungsgebäude (Rathausplatz) ein riesiger Adventskalender mit 24 Fenstern von Grafikstudenten der FH Augsburg gestaltet. Die Fenster werden jeweils um 16.45 Uhr geöffnet. Für Kinder gibt es eine Märchenstraße und einen eigenen Kinderweihnachtsmarkt am Moritzplatz, außerdem existiert ein „Himmlisches Postamt" (Poststempel aus dem Ort Christkindl in Österreich). Einen guten Blick über den Christkindlesmarkt genießt man vom Perlachturm oder von den Fenstern des Goldenen Saals.

Gleichzeitig findet die **Weihnachtsinsel** auf dem Zeughausplatz (www.weihnachtsinsel.de, an Adventswochenenden bzw. tgl. in der Vorweihnachtswoche) mit Kunsthandwerk, Bio-Imbiss und Veranstaltungen im kleinen Zelt statt. Kleinere, idyllische Weihnachtsmärkte gibt es z. B. in der **Silberschmiede** (Pfladergasse 10) und im Botanischen Garten 38, wo zugleich eine sehenswerte **orientalische Rundkrippe** steht, die sich gemäß der Weihnachtsgeschichte verändert.

› **Christkindlesmarkt,** Rathausplatz, https://augsburgerchristkindlesmarkt.com, Eröffnung Montag vor dem 1. Advent 18 Uhr, tgl. 10–20, Fr., Sa. bis 21.30 Uhr, Heiligabend bis 14 Uhr, Engelesspiel jeweils Fr.–So. 18 Uhr

Einer der schönsten und größten Weihnachtsmärkte Deutschlands – der Augsburger Christkindlesmarkt

125ab Abb.: mb

Festgottesdienst am 8. August, die Friedenstafel (ein Bürgermahl auf dem Rathausplatz), das Kinderfriedensfest im Botanischen Garten und das Festkonzert am Abend in der St.-Anna-Kirche. Zudem wird alle drei Jahre der Augsburger Friedenspreis verliehen.

Herbst

- **Herbst-Plärrer,** www.augsburgerplaerrer.de: Ende August/Anfang September gibt es ein „Remake" des Frühlings-Volksfests, diesmal eingeleitet von einem großen Umzug durch die Stadt am Eröffnungssamstag.
- **Mozart@Augsburg,** www.mozartaugsburg.com: Klassik-Musikfestival in der 1. Septemberhälfte. Konzerte mit großer Besetzung, v. a. im Kleinen Goldenen Saal (s. S. 77), im Rokokosaal der Regierung von Schwaben und in der evangelischen St.-Ulrich-Kirche 7.
- **Tag des offenen Denkmals,** www.tag-des-offenen-denkmals.de: Anfang/Mitte September öffnen an einem Sonntag „Denkmäler" verschiedenster Art, die sonst oft der Öffentlichkeit verschlossen sind. Es gibt spezielle Touren und Aktionen. Bei manchen ist wegen begrenzter Teilnehmerzahl eine Anmeldung nötig.
- **Fuggerstadt Classic,** https://fuggerstadt-classic.de: eintägige Oldtimer-Rallye mit Start und Ziel an der historischen Maximilianstraße 5. Ende September, Streckenlänge ca. 170 km.
- **Turamichele, www.augsburg-city.de/veranstaltungen/turamichele:** Wenn der Erzengel Michael am Michaelitag (29. Sept.) den Drachen tötet (s. S. 18), finden sich besonders die Kleinen auf dem Rathausplatz ein, um das Spektakel am geschmückten Fenster des Perlachturms 2 zu erleben.
- **Herbst- oder Michaelidult**: Wie bei der Osterdult bieten Händler ein Gemisch an Brauchbarem und Schnickschnack an. Um Michaeli (29.9.) beginnend für zehn Tage in der Jakobervorstadt (s. S. 43).

Winter

- **Lab30 Kunstlabor,** www.lab30.de: Jeweils Ende Oktober findet im Kulturhaus Abraxas (s. S. 78) und anderen Orten in der Stadt ein Festival für Elektronik- und Medienkunst statt.
- **Riegele Honky Tonk:** Kneipenfestival an einem Samstag im November. Livekonzerte von rund 20 Bands verschiedenster Musikrichtungen in Clubs und Bars im Stadtgebiet. Veranstalter ist die lokale Brauerei Riegele. Tickets für das Gesamtprogramm inkl. Nahverkehrsnutzung.
- **Große Schwäbische Kunstausstellung,** https://kunstsammlungen-museen.augsburg.de („Sonderausstellungen"): Ausstellung schwäbischer Künstler von Ende November bis Anf. Januar im H2 im Glaspalast (s. S. 46).

137ab Abb.: mb

Eine Institution im Jahreskalender: die Augsburger Dult

AUGSBURG VERSTEHEN

107ab Abb.: mb

Fugger und Welser, die Mozarts und Bert Brecht, Römer und Religionsfrieden, Puppenkiste und Zwetschgendatschi – in Augsburg, einer der ältesten Städte Deutschlands, verbirgt sich hinter der Fassade schwäbischer Gelassenheit so manche Überraschung. Stolz auf ihre Vergangenheit, kommt die Stadt auch optisch langsam in der Moderne an.

Augsburg – ein Porträt

Die Stadt liegt im Südwesten Bayerns und ist Hauptstadt des Regierungsbezirks Bayerisch-Schwaben. Nach München sind es auf der A8 oder mit dem Zug nicht einmal 70 km, doch „mental" und sprachlich liegen zwischen beiden Städten Welten. Lange im Schatten der Landeshauptstadt stehend, entwickelt die alte Römer- und Fuggerstadt inzwischen mehr und mehr Stolz und Selbstbewusstsein.

Das **historische Erbe** Augsburgs reicht von der Stellung als römische Provinzhauptstadt über die Funktion als Finanz- und Handelszentrum im Mittelalter bis hin zur Neuzeit mit einer blühenden Textilindustrie und einem florierenden Brauereiwesen. Zahllose Parkanlagen, der Stadtwald, der Naturpark Westliche Wälder, zwei Alpenflüsse – Lech und Wertach – und unzählige Kanäle prägen das Gesicht der Stadt, in der es angeblich sogar mehr Kanäle und Brücken geben soll als in Venedig. Die besondere Bedeutung des Wassers hat der Stadt daher auch den Status als **Weltkulturerbe** eingebracht (s. S. 108).

Wie eng Augsburg seiner Vergangenheit verhaftet ist, belegt die Skyline der Stadt. Neben den Kirchen – vor allem dem Dom 14 im Norden und St. Ulrich und Afra 7 im Süden – sind es das Rathaus 1 und der Perlachturm 2, die das Bild prägen. Nur ein einziger Bau fällt architektonisch komplett aus dem Rahmen: der 1972 erbaute **Hotelturm**, „Maiskolben" genannt und Marina City (1964) von Bertrand Goldberg, einem Bau in Chicago, nachempfunden. Dieser einzige Wolkenkratzer Augsburgs ist ohne Antenne rund 115 m hoch. Mit 93,5 m verfügt St. Ulrich über den höchsten Kirchturm, der Perlachturm misst 70 m und der Nordturm des Rathauses folgt mit 57 m. Neue Bauten entstehen derzeit konzentriert im Westen der Stadt, wo die bis 1998 von der U.S. Army belegten Grundstücke in neue Wohn-, Geschäfts- und Parkanlagen umgewandelt wurden.

Zu den modernen Bauten der Stadt gehören auch die Gebäude des 1988 eröffneten **Messegeländes** im Süden der Stadt, nahe der Uni, wo die

Augsburg in Zahlen

- **Gegründet:** 15 v. Chr.
- **Einwohner:** ca. 305.000
- **Bevölkerungsdichte:** ca. 2074 EW/km²
- **Fläche:** 147 km², davon ca. ein Viertel Grünflächen
- **Höhe ü. M.:** 444 bis 562 m
- **Stadtbezirke:** 42, zusammengefasst zu 17 Planungsräumen
- **Stadtfarben:** Rot, Grün, Weiß
- **Stadtwappen:** Rot-weißer Schild mit grüner Zirbelnuss

Vorseite: Augsburger Mundart auf einem Wandbild im Kunsttunnel Pfersee (s. S. 66)

bei den Einheimischen beliebte afa (Augsburger Frühjahrsausstellung) stattfindet.

Der Stadtkern Augsburgs liegt auf einem Hochplateau zwischen den beiden Flüssen Lech und Wertach, die nördlich der Stadt in der Wolfszahnau zusammenfließen. Die **Innenstadt** schließt sich östlich an den Hauptbahnhof und um den nahen Königsplatz 9 („Kö") an. Im **Zentrum** liegt der Rathausplatz, zentrale Verbindungsachse zwischen Dom und **Domviertel** im Norden und St. Ulrich und Afra im Süden ist die Maximilianstraße 5 bzw. deren nördliche Fortsetzung, die Karolinenstraße. Die Fußgängerzone um die Annastraße verbindet Kö und Rathaus und liegt im Zentrum der alten Bürgerstadt.

Östlich der „Maxstraße" befindet sich die tiefer gelegene **Altstadt**. Diese „Unterstadt" gliedert sich in Lechviertel, Ulrichsviertel und Jakobervorstadt (s. S. 43). Der Stadtkern ist noch zum Großteil vom historischen Stadtwall umgeben. Im Südosten der Innenstadt liegt das sehenswerte **Textilviertel**, im Süden befindet sich der Wittelsbacher Park 35 und Göggingen sowie der ausgedehnte Siebentischwald. Weiter im Osten durchschneidet der Lech das Stadtgebiet, jenseits befinden sich die Wohnviertel Firnhaberau und Hochzoll. Im Westen fließt die Wertach, an deren Ostufer das schicke, mit sehenswerter Architektur ausgestattete Theolottviertel, am Westufer die beiden Arbeiterviertel Pfersee 36 und Oberhausen liegen.

Von den Anfängen bis zur Gegenwart

Augsburg, von Römern gegründet, gehört zu den ältesten Städten nördlich der Alpen und ist mit über einer Viertelmillion Einwohnern nach München und Nürnberg die drittgrößte Stadt Bayerns. Die ehemalige Reichsstadt ist Verwaltungssitz des bayerischen Regierungsbezirks Schwaben, seit 1970 Universitätsstadt und eine der kulturell bedeutendsten Metropolen Deutschlands. Die Geschichte – v. a. die Fugger und Welser – ist noch heute allgegenwärtig.

Zusammen mit Trier und Kempten gehört das über 2000 Jahre alte Augsburg zu den drei **ältesten Städten Deutschlands.** Aus einem römischen Militärlager hat sich ein wichtiges Verwaltungszentrum entwickelt, das schon im Mittelalter von seiner

020ab Abb.: mb

› *Augsburg wurde von den Römern gegründet*

Lage am Schnittpunkt bedeutender europäischer Handelswege profitierte. Im 13. Jh. wurde die Handels-, Banken- und Bischofsstadt zur **Freien Reichsstadt**, und das blieb sie fast 500 Jahre lang. Ein Höhepunkt fiel ins 15. und 16. Jh., als die Fugger und Welser aus Augsburg eine Weltstadt machten.

Als **Kunststadt** war Augsburg während der Renaissance und im Spätbarock und Rokoko – letzteres auch „Augsburger Geschmack" genannt – europaweit führend. Nach dem Dreißigjährigen Krieg (17. Jh.) blühten dann das Gold- und Silberschmiedehandwerk sowie die Druckerkunst auf. Zum Ende des 18. Jh. war es die **Textilindustrie** und später der Maschinenbau: Rudolf Diesel entwickelte hier seinen Motor, Carl von Linde baute die erste Kältemaschine und Messerschmitt entwickelte das erste Düsenflugzeug. Augsburg war zum „Manchester Deutschlands" geworden.

Noch heute hält die Traditionsstadt an ihrer Rolle als **Wirtschafts- und Wissenschaftsstandpunkt** und Hort der Kunst und Kultur fest. Die Universitätsstadt ist nach München und Nürnberg zudem Bayerns drittgrößter Wirtschaftsraum und dazu mit dem „Augsburg Innovationspark" Standort wichtiger Technologieunternehmen und Forschungseinrichtungen (u. a. Bayer, Landesamt für Umwelt, Premium AEROTEC, Fraunhofer-Gesellschaft, DLR).

021ab Abb.: mb

Kaiser Augustus steht auf dem Rathausplatz, hielt sich aber selbst nie in Augsburg auf

Zeugnis der alten Bischofsstadt: ein Denkmal vor dem Dom 14

Die Römerstadt

Um 15 v. Chr.: Im Zuge der Inbesitznahme des von den keltischen Vindelicern bewohnten Alpenvorlandes durch römische Truppen, die von Drusus und Tiberius, den Stiefsöhnen des römischen Kaisers Augustus, befehligt wurden, entsteht am Zusammenfluss von Lech und Wertach ein Militärlager.

Anfang 1. Jh.: Aus dem Militärlager entwickelt sich die zivile Siedlung Augusta Vindelicum (der Name Augusta Vindelicorum stammt aus dem 16. Jh.), die unter Kaiser Trajan (98–117) zur Hauptstadt der Provinz Raetia erhoben wird.

121: Kaiser Hadrian (117–138) verleiht der Siedlung das römische Stadtrecht: „Municipium Aelium Augustum". Die römische Staatsstraße Via Claudia Augusta verbindet die Stadt mit Oberitalien und Rom.

259/260: Die germanischen Stämme der Juthungen und Semnonen fallen in Augsburg ein. Ein bei archäologischen Ausgrabungen entdeckter Siegesaltar (im Röm. Museum) feiert den römischen Sieg über die Germanen.

294: Unter Kaiser Diokletian (284–305) wird Raetia in zwei Provinzen aufgeteilt: Raetia Prima mit Chur und Raetia Secunda mit Augsburg als Verwaltungssitz.

304: Bei Christenverfolgungen stirbt mit Afra auch eine Augsburgerin, die im 11. Jh. heiliggesprochen wird, jedoch schon seit dem 6. Jh. verehrt wurde.

Mitte 5. Jh.: Bis zum Rückzug der römischen Verwaltung fungiert Aelia Augusta als Provinzhauptstadt. Während des Übergangs von der spätrömischen Epoche zum frühen Mittelalter bleibt die Stadt weiter bedeutend und es gibt sogar einen Hafen am Lech.

Die Bischofsstadt

778: Der Frankenkönig Karl ernennt Simpert (um 750–807) zum neuen Bischof von Augsburg. Das in den Kämpfen zwischen Franken und Bayern zwischen die Fronten geratene und schwer angeschlagene Augsburg blüht wieder auf. Heute ist Simpert neben Afra und Ulrich der dritte Bistumsheilige.

923: Ulrich (um 890–973), aus dem alemannischen Gaugrafengeschlecht Hubald von Dillingen, wird von König Heinrich I. zum Bischof von Augsburg ernannt.

022ab Abb.: mb

955: Schlacht auf dem Lechfeld: Südlich der Stadt gelingt es Truppen unter König Otto I. die ungarischen Reiterscharen zu besiegen. Bischof Ulrich, der die lokalen Truppen befehligt, erhält als Dank das Münzrecht für Augsburg und wird fortan als Heiliger verehrt. Nach der Schlacht kümmert er sich um den Wiederaufbau des zerstörten Doms und initiiert weitere Bauprojekte, sodass Augsburg aufblüht.

1065: Bischof Embrico weiht den neuen Dom ein.

1152: Kaiser Friedrich Barbarossa (1122–1190) weilt erstmals in Augsburg. Schon zuvor waren deutsche Kaiser regelmäßige Gäste in der Stadt.

1156: Kaiser Friedrich Barbarossa verleiht Augsburg das Stadtrecht.

Die Reichsstadt

9. März 1276: König Rudolf von Habsburg verleiht Augsburg die Reichsunmittelbarkeit. 1316 wird die Stadt durch König Ludwig den Bayern offiziell zur Freien Reichsstadt erklärt und bleibt es bis 1805/6.

1368: Aufstand der Handwerker, die damit ein Mitspracherecht im Rat der Stadt erwirken. Eine Zunftverfassung entsteht.

1509: Die Fugger-Kapelle in St. Anna entsteht als erster im Renaissancestil gestalteter Raum nördlich der Alpen. 1512–1515 lässt Jakob Fugger „der Reiche" dann die Fuggerhäuser mit dem Damenhof als ersten Renaissancebau nördlich der Alpen errichten.

1511: Martin Luther weilt erstmals in Augsburg.

1516: Jakob Fugger stiftet die Fuggerei als Sozialsiedlung.

1518: Der päpstliche Legat Cajetan verhört Martin Luther anlässlich eines Reichstags in Augsburg.

1528: Kaiser Karl V. und Bartholomäus V. Welser unterzeichnen einen Vertrag, der den Welsern das heutige Venezuela als

Kolonie überträgt. Das Unternehmen scheitert jedoch 1556.

25. Juni 1530: Die Confessio Augustana (Augsburger Bekenntnis) wird auf dem Reichstag zu Augsburg Kaiser Karl V. vorgelegt und gilt seither als Bekenntnisschrift der protestantischen Kirche.

1548: Nach der Niederlage im Schmalkaldischen Krieg entgeht Augsburg (Mitglied des protestantischen Schmalkaldischen Bundes) nur knapp der Zerstörung.

1555: Mit dem Augsburger Reichs- und Religionsfrieden (Pax Augustana) wird die Koexistenz der Konfessionen nach dem Motto „cuius regio, eius religio" („wessen Gebiet, dessen Religion") manifestiert. Augsburger Bürgern wird vom Rat der Stadt freie Religionswahl zugestanden.

1588–1600: Die Stadt „schenkt" sich anlässlich der 1600-Jahrfeier drei Prachtbrunnen: den Augustus-, den Herkules- und den Merkurbrunnen.

023ab Abb.: mb

1620: Stadtbaumeister Elias Holl stellt das Rathaus fertig. Der Innenausbau dauert noch bis 1624.

1628: Mit etwa 48.000 Einwohnern ist Augburg nach Köln und Nürnberg drittgrößte deutsche Stadt. Nach einer Pest- und Cholera-Epidemie und als Konsequenz des Dreißigjährigen Krieges sind um 1635 nur noch 16.000 Menschen, mehrheitlich Protestanten, übrig.

1632: Während des Dreißigjährigen Krieges (1618–1648) besetzen Truppen des schwedischen Königs Gustav Adolf die Stadt und erobern sie 1635.

1648: Mit dem Westfälischen Frieden endet der Dreißigjährige Krieg und es wird die Parität, die Gleichberechtigung der Konfessionen im Reich, eingeführt.

8. August 1650: Erstmals feiert die protestantische Gemeinde Augsburgs in der Barfüßerkirche das Augsburger Hohe Friedensfest, bis heute ein gesetzlicher Feiertag auf Stadtgebiet.

1689: Gründung der ersten Kattundruckerei

1710: Die Reichstädtische Kunstakademie entsteht und macht die Stadt zu einem der Kunstzentren des Spätbarock und Rokoko.

1719: Leopold Mozart wird in Augsburg geboren. Sein berühmter Sohn Wolfgang Amadeus erblickt in Salzburg das Licht der Welt, ist aber mit Augsburg eng verbunden, da hier sein geliebtes „Bäsle", Maria Anna Thekla, lebt.

1735: Höhepunkt der Gold- und Silberschmiedekunst: An die 275 Gold- und Silberschmiede befinden sich unter den ca. 25.000 Einwohnern – mehr als Bäcker.

1770: Eröffnung des Schaezlerpalais in Anwesenheit von Marie Antoinette, Erz-

◁ Der Kunstfreund Hans Jakob Fugger (1516–1575) war wirtschaftlich wenig erfolgreich

herzogin von Österreich. Im gleichen Jahr errichtete Heinrich von Schüle den ersten Kattun-Großbetrieb und leitet damit den Aufstieg zur Textilmetropole ein.

1799–1801: Augsburg leidet in den Napoleonischen Kriegen und wird mehrfach besetzt. 1805 hält sich Napoleon in der Stadt auf.

Die Industriestadt

1805/6: Augsburg verliert seine Reichsfreiheit und wird ins Königreich Bayern eingegliedert. 1817 erhebt man Augsburg zur Hauptstadt des Oberdonaukreises (heute Regierungsbezirk Schwaben).

1836/7: Die Augsburger Kammgarnspinnerei und die erste große Textilfabrik, die Mechanische Spinnerei und Weberei, werden gegründet. Bis 1857 entstehen sechs mechanische Webereien, Augsburg entwickelt sich zum „Manchester Deutschlands".

1840: Eröffnung der Bahnstrecke zwischen Augsburg und München. Im gleichen Jahr Gründung der Sander'sche Maschinenfabrik, aus der 1857 die Maschinenfabrik Augsburg und 1898 die MAN (Maschinenfabrik Augsburg Nürnberg) hervorgehen.

1860: Große Teile der Stadtbefestigung werden geschleift.

1880: Bau der ersten Straßenbahn

1897: Der erste Dieselmotor wird von Rudolf Diesel in Augsburg entwickelt. Das Patent hatte er schon 1892 eingereicht.

1916: Mit der Eingemeindung von Pfersee, Lechhausen, Oberhausen, Kriegshaber und Hochzoll wächst die Stadt auf über 146.000 Einwohner an.

1938: Während der Reichskristallnacht wird auch die 1917 eröffnete Augsburger Synagoge beschädigt. Sie wird jedoch 1976 bis 1984 restauriert.

25./26. Februar 1944: Schwere Luftangriffe während des Zweiten Weltkriegs zerstören den Großteil der Altstadt. Insgesamt kommen während des Krieges 9500 Augsburger ums Leben.

072ab Abb.: mb

Die moderne Stadt

26. Februar 1948: Die Augsburger Puppenkiste feiert mit dem Stück „Der gestiefelte Kater" Premiere.

1970: Gründung der Universität. In den folgenden Jahren wächst das Universitätsviertel am südlichen Stadtrand heran.

1972: Während der Olympischen Spiele in München finden neben den Kanu- und Kajak-Wettbewerben im Eiskanal auch Handball- und Fußballspiele in Augsburg statt. Auch der Hotelturm, Augsburgs einziger Wolkenkratzer, wird eröffnet. Die Eingemeindungen der Stadtteile Göggingen, Haunstetten, Inningen und Bergheim lässt die Einwohnerzahl auf über 250.000 steigen.

1982: Eröffnung des Zentralklinikums

1985: Bei der 2000-Jahr-Feier der Stadt wird erstmals der „Augsburger Preis zum Friedensfest" zur Förderung interkonfessioneller Gemeinsamkeiten verliehen.

1988: Eröffnung des neuen Messezentrums nahe der Universität

MAN ist seit Mitte des 19. Jh. in Augsburg zu Hause

1998: Abzug der letzten US-Truppen, die seit 1945 am westlichen Stadtrand in mehreren Kasernen stationiert waren.

2009: Eröffnung des neuen Fußballstadions südlich der Stadt sowie der neuen Stadtbücherei im Zentrum

2011: Der FC Augsburg steigt erstmals in die Fußballbundesliga auf.

2018: Das Augsburger Hohe Friedensfest wird in das Verzeichnis des Immateriellen Kulturerbes der UNESCO aufgenommen.

2019: Das Wassermanagement-System wird zum UNESCO-Welterbe ernannt.

2021: Die Augsburger Fuggerei wird 500. Archäologen entdecken auf einer Baustelle rund 5500 römische Silbermünzen.

2022: Die Kanuslalom-WM findet in Augsburg statt.

2023: Mit einer sehenswerten Ausstellung und anderen Veranstaltungen wird der 450. Geburtstag des Stadtbaumeisters Elias Holl gefeiert. Die Augsburger Puppenkiste wird 75 Jahre alt. Im Herbst wird der umgebaute Hauptbahnhof wiedereröffnet. Die Fertigstellung des Straßenbahntunnels ist für 2024 geplant.

2023/2024: Beim Ulrichsjubiläum werden 1100 Jahre Bischofsweihe und der 1050. Todestag des hl. Ulrich mit dem Ulrichsfest (2023) und der Ulrichswoche (2024) gefeiert.

Leben in der Stadt

Die „Augschburger" sind ein eigenes Völkchen: keine richtigen Bayern, aber auch keine echten Schwaben, irgendwo dazwischen, sprachlich wie kulturell. Hier freut man sich im Herbst auf einen richtigen „Datschi", verehrt einen „Stoinernen Ma", diskutiert mit dem „König von Augsburg" über Gott und die Welt, feiert auf dem „Plärrer", zittert mit FCA und AEV – und zählt Jim Knopf, das Urmel oder Bill Bo zu seinen Idolen …

Keiner hat die **typisch „Augschburger" Charakterzüge** besser dargestellt als Benno Plabst. In seinen Geschichten verkörperte der Herr Plimm (s. S. 116) den typischen Augsburger: Skeptiker, Grantler und Pessimist in einer Person, für den „Basst scho" der vielleicht leidenschaftlichste Ausspruch ist.

Selbst wenn die Augsburger einmal aus dem Häuschen sind – besonders, wenn FCA oder AEV gewinnen –, werden noch im Jubel die ersten skeptischen Stimmen laut. Fremden gegenüber mag der Augsburger zunächst eher verschlossen

025ab Abb.: ©Jens Hilberger, stock.adobe.com

Blick vom Perlachturm über das Rathaus und die zentrale Maximilianstraße Richtung St. Ulrich und Afra 7

Stadtbaumeister Elias Holl

Wie kein anderer hat Elias Holl (1573–1646) das **Stadtbild Augsburgs** geprägt. Der Sohn des Maurers und Baumeisters Johannes Holl lernte bei seinem Vater das Handwerk. Nach seiner Meisterprüfung 1596 machte er sich schnell einen Namen. Im Winter 1600/1601 reiste Holl zu Studienzwecken nach Venedig und bereits als 29-Jähriger wurde er 1602 zum **„Stadtwerkmeister"** (Stadtbaumeister) von Augsburg berufen. Dieses Amt umfasste nicht nur alle Bauaufgaben der Stadt, Holl fungierte zugleich als **Stadtplaner, Landvermesser, Wasserbaumeister und Verantwortlicher für Wehranlagen.** Außerdem war er für Mitarbeiter und Verwaltung zuständig.

Dass Holl nicht nur ein künstlerisch ambitionierter Architekt, sondern auch ein genialer Bauingenieur und fähiger Handwerker war, zeigte 2023 die großartige **Jubiläumsausstellung „450 Jahre Elias Holl"** im Maximilianmuseum 3.

Bis heute bewundernswert ist, dass einem einzelnen Architekten die komplette Stadterneuerung übertragen wurde, die die Architektur von den Stadttoren bis zum Rathaus über Jahrhunderte beeinflusste. Erhaltene Modelle und Entwurfszeichnungen (im Maximilianmuseum permanent ausgestellt) geben Einblick in die Planungen und Bauten, die den Dreißigjährigen Krieg ebenso wie den Zweiten Weltkrieg überdauerten. Holl selbst wurde in den 1630er-Jahren während des Dreißigjährigen Kriegs mehrfach vom Amt freigestellt, weil er als Protestant nicht zum katholischen Glauben konvertieren wollte.

Viele von Holls Bauten wie Stadtmetzg 23, Zeughaus 8, Neuer Bau, Gymnasium bei St. Anna 10, die Stadttore, der umgebaute Perlachturm 2 und besonders das Rathaus 1, eine der bedeutendsten Renaissance-Schöpfungen nördlich der Alpen, prägen bis heute das Stadtbild und sind leicht als von Holl stammend zu identifizieren.

› **Lesetipp:** C. Emmendörfer, C. Trepesch (Hrsg.), **450 Jahre Elias Holl (1573–1646) – Meister Werk Stadt** (Imhof Verlag, 2023)

erscheinen, aber einmal aufgetaut, ist man gastfreundlich. Doch Vorsicht: Hinter dem Grantler verbirgt sich oft ein Schelm, der Späßchen über alles liebt.

Augsburg sitzt nicht nur gefühlsmäßig zwischen den Stühlen, die Stadt am Zusammenfluss der beiden Gebirgsflüsse Lech und Wertach liegt auch **geografisch** zwischen Schwaben und Oberbayern und der Lech gilt als Sprachgrenze. Auch die politische Isolation als Freie Reichsstadt und zugleich als religiös paritätische Stadt hat für eine Sonderstellung gesorgt.

Augsburg fühlte sich schon immer dem Süden, sprich Italien, verbunden. Man galt in den Augen der Nachbarn als **„italienischer Außenposten"**. Gegründet von Römern, reich geworden durch die Handelsverbindungen der Fugger und Welser mit Italien und bekannt wegen dreier vom Papst in Rom zu Heiligen erklärten Persönlichkeiten – Afra, Simpert und Ulrich –, verwundert das wenig. Dazu entstanden hier die ersten Renaissancebauten nördlich der Alpen und der „pyr" im Stadtwappen, die Zirbelnuss, geht auf das Feldzeichen der römischen Legionen zurück. Gemeint ist damit der Zapfen der Zirbelkiefer, die lokal jedoch nicht wächst – in Augsburg und Umgebung gedeihen nur Waldkiefern. Da jedoch „Zirbelnuss" anscheinend besser klang als „Kiefernzapfen" übernahm man sie ins Stadtwappen. Die größte Zirbelnuss befindet sich auf der Rathausspitze, ist aus Bronze und 4 m hoch.

Als sich Bayern im Jahr 1806 – unter Mithilfe Napoleons – die freie Reichsstadt einverleibt hatte, versank die schwäbische Metropole im Dornröschenschlaf, aus dem sie nur langsam erwachte. Inzwischen jedoch haben die „Datschiburger" ihren Minderwertigkeitskomplex abgelegt und sind stolz auf ihre historisch und kulturell bedeutende Heimatstadt. Erfolge der lokalen Sportvereine – die Eishockey-Vizemeisterschaft 2010 und der Aufstieg der Fußballer in die erste Bundesliga im Jahr 2011 haben der Stadt ein Stück **Selbstbewusstsein** zurückgegeben.

Augsburg ist Teil der **Metropolregion München** und entsprechend besteht sei jeher eine gewisse Rivalität mit der Großstadt, aus der immer mehr Menschen aus Preisgründen in den Augsburger Raum ziehen. Auch pendeln zahlreiche Augsburger regelmäßig zur Arbeit nach München. Entsprechend steigen **Lebenshaltungskosten, Immobilienpreise und Mieten** kontinuierlich an.

Bekannt ist Augsburg als Heimat von Elias Holl, Bertolt Brecht, Leopold Mozart und der Augsburger Puppenkiste. Hier waren mit den Fuggern und Welsern die ersten modernen Handelshäuser und Großkapitalisten beheimatet, die einst das ganze Kaiserreich und damit Europa mitfinanzierten. Zudem ist Augsburg die einzige Stadt weltweit mit einem **eigenen Feiertag**, dem Hohen Friedensfest, das an die Rolle der Stadt bei der Aussöhnung der Religionen erinnert.

Seit 1970 ist Augsburg **Universitätsstadt.** Der moderne Campus im Süden des Zentrums, heute von rund 20.000 Studenten frequentiert, war 1977 bezugsfertig und wird seither ständig ausgebaut. Das Areal ist parkartig angelegt, mit Kunst ausgestattet und dient den Anwohnern als Erholungsareal. Die ursprünglichen Schwerpunkte waren die Rechts- und die Wirtschafts- und Sozialwissenschaften. Der Katholisch-Theologische Fachbereich folgte 1971,

1972 kamen die Erziehungswissenschaften und Philosophische Fachbereiche hinzu. 1981 wurde die Mathematisch-Naturwissenschaftliche Fakultät ergänzt, 2003 folgten eine Fakultät für Angewandte Informatik und weitere, auch fakultätsübergreifende Institute wie Kanada- und Lateinamerika-Studien, Europäische Kulturgeschichte, Material- und Umweltforschung oder Forum Ost. 2019 kam die Fakultät für Humanmedizin dazu und mit ihr die Ernennung des Krankenhauses zum **Universitätsklinikum**, um das herum ein neuer Medizincampus entsteht. Zudem gibt es in Augsburg die **Hochschule Augsburg/University of Applied Sciences** mit derzeit sieben Fakultäten aus den Bereichen Architektur und Design, Ingenieurwesen, Informatik und Multimedia sowie Wirtschaftswissenschaften mit knapp 7000 Studierenden an mehreren Standorten, u. a. auf dem

„Mr schwätzad andrsch" – Augsburger Schwäbisch

Typisch für den lokalen Dialekt, der irgendwo zwischen Schwäbisch, Oberbayerisch und dem Lechrainisch angesiedelt ist, ist das „sch", zum Beispiel in Augschburg, Boschbod (Postbote) oder Schdoi (Stein). Zudem werden harte Konsonanten weich gesprochen und das „e" am Wortende oft weggelassen (Has/Hase, Was/Vase), nicht so aber bei Küche: Die heißt „Kuche". Das „sch" dient auch der Verkürzung: *woisch* (weißt du), *moinsch* (meinst du) oder *hosch* (hast du). Manchmal wird ein -en am Wortende zum -a, so gibt es *Bloama* (Blumen) oder *Gurga* (Gurken). *Net* (nicht) und *gell* (nicht wahr) sind ebenso typisch Augsburgerisch wie folgende Wörter:

a bissle – ein bisschen
arg – wird häufig als Steigerung im Sinn von „sehr" gebraucht *(schmeggd arg guad, isch arg duier)*
Bagasch – Gesindel, vom franz. *bagage* abgeleitet
Bazi – kleiner Gauner oder Lausbub
biesln – urinieren
d'r hoim – zu Hause
Dibbl – Dummkopf
Droddoar – Gehsteig, vom franz. *trottoir*
Glump – Ware schlechter Qualität
Gosch – Mund („Halt die Gosch!")
Griasdi, Griasdseich – das schwäbische Hallo (Grüß' dich, Grüßt' euch)
Griffl – Finger („Nimm d'Griffl weg!")
Gruzifünferl (gruzzefümfal) – Unmutsausruf
Gschieß – viel Getue um nichts
Heilig's Blechle – Ausdruck von Überraschung
hudln/hudla – eilen/schnell, überhastet („Nur net hudla.")
Loaß – eigentlich Sau, aber auch Schimpfwort im Sinne von Dreckbär (Steigerung ist *Dreggloaß*)
Loimsiader – Langweiler (eigentl. „Leimsieder")
Lugabeidl – Lügner
narrad – wütend, verärgert („Bisch narrad?")
Obacht – Achtung
omms varregga net – überhaupt nicht (absolute Ablehnung)
pressiern/pressiera – eilig sein, unter Druck („Jetzt pressierts arg!")
radschn/ratscha – sich unterhalten
Sauschdall – Unordnung
scheps – schief
Schtrossaboh (Dramboh) – Straßenbahn
Trumm/Drumm – etwas Großes

Auf Instagram unter #Dubisteinechter Augsburger oder unter www.facebook.com/dubisteinechteraugsburger gibts regelmäßig typische Augschburger Sprüche.

138ab Abb.: mb

Gelände der ehemaligen Schüleschen Kattunfabrik.

Augsburgs Farbe ist Grün: Etwa 25 % des ca. 147 km² großen Stadtgebiets bestehen aus **Grünanlagen**, die großteils unter Naturschutz stehen und als Trinkwasserschutzgebiet ausgewiesen sind. Der etwa 4900 ha umfassende Stadtwald im Süden zählt zu den artenreichsten Naturschutzgebieten Bayerns.

Die Zeiten, in denen die SPD unangefochten die Geschicke der Stadt lenkte und Persönlichkeiten wie Hans Breuer (s. S. 105) das Amt des Oberbürgermeisters bekleideten, sind vorbei. Seit 2008 stellt die CSU den OB, derzeitige Bürgermeisterin ist Eva Weber.

Künstler wie Adriaen de Vries waren in Augsburg tätig, hier seine Brunnenfiguren im Maximilianmuseum 3

Hans Breuer, der am längsten amtierende Bürgermeister der deutschen Nachkriegszeit (1972–1990), trug u. a. wesentlich dazu bei, dass sich der Blick nach vorn richtete, die Universität gegründet, das Zentralklinikum und die neue Messe gebaut wurden.

Kunstmetropole mit südlichem Flair

Besonders wenn in Augsburg **Föhn** herrscht, scheint der Süden nicht weit entfernt zu sein. Wenn ein Hochdruckgebiet die warmen Luftströme über die Alpen drückt, ist die Sicht einzigartig, die Berge sind zum Greifen nah, die Luft ist lau und fast „südlich“ – und der „Augschburger“ grantelt. Schuld an der miesen Stimmung ist der Föhn, der sich schwer „auf den Kopf legt“.

Augsburgs Hang zum Süden ist auch im Stadtbild präsent – wenn auch die Zerstörungen im Zweiten

Augsburgs Musikszene

Die Augsburger Musikgeschichte ist untrennbar mit dem Namen **Roy Black** (1943–1991) verbunden. Der Schlagersänger hatte als Gerhard Höllerich im südlichen Vorort Bobingen-Straßberg das Licht der Welt erblickt und wurde 1966 mit dem Song „Ganz in Weiß" zum Star.

Heute bietet die Augsburger Musikszene weit mehr als Schnulzen: Bands wie **The Seer** (Folk-Rock), **Anajo** (Indie), **Revelling Crooks** (Speedfolk), **San Antonio Kid** (Rock'n'Roll/Country) oder **John Garner** (Folk-Pop-Rock), die Jazzgröße **Wolfgang Lackerschmid** oder die angesagte Italo-Schlager-Band **Roy Bianco & Die Abbrunzati Boys.** Weit über die Stadt hinaus bekannt ist die Sängerin und Liedermacherin **Stacia,** die allein oder mit Moritz Wunderwald als **Polaroyds** auftritt.

Wie breit vor allem das Indie-, Pop-, Elektro-, Hardrock- und Hip-Hop-Spektrum ist, zeigt sich besonders auf **Festivals** wie Modular (s. S. 87) oder Sommer am Kiez (s. S. 87).

Weltkrieg und der anschließende Wiederaufbau ihre Spuren hinterlassen haben. Der enge Kontakt der Handelshäuser zu Italien führte einst dazu, dass Bauten, Plätze und Innenhöfe im italienischen Renaissancestil entstanden. Gerade das Rathaus steht exemplarisch, ist aber auch als politisches Statement zu verstehen: Die Bürger wurden damit auf eine Stufe mit dem Klerus gestellt, war doch das Rathaus als Pendant zum Dom weithin sichtbar.

Die **Verbindungen zu Italien,** besonders zu Venedig als Brücke zum Orient, brachten Gewürze, Seide, Baumwolle und Wein in die Stadt und ließen Augsburg zum Tor nach Nord- und Osteuropa werden. Importierten die reichen Augsburger zunächst Kunstwerke für ihre Privathäuser, entwickelte sich Augsburg ab dem 17. Jh. selbst zu einem **bedeutenden Kunstzentrum.**

Hier hielten die Kunst der Renaissance und des Barock mit Künstlern wie Matthias Kager (1575–1635), Johann Rottenhammer (1564–1625) oder dem Stadtbaumeister Elias Holl (1573–1664) früher Einzug als in anderen Gegenden Süddeutschlands. Während der Dreißigjährige Krieg das Ende vieler europäischer Wirtschaftsmetropolen bedeutet hatte, entwickelte sich die Freie Reichsstadt zu einem **Zentrum des Luxusgewerbes,** in dem neben Gold- und Silberschmiedehandwerk auch die Herstellung von Druckgrafiken einen Höhepunkt erreichte. Gleichzeitig setzte ein Zustrom auswärtiger Künstler ein: Zwischen 1650 und 1680 hielt sich mit Hans Ulrich Franck, Johann Ulrich Mayr, Joachim von Sandrart, Johann Heinrich Schönfeld und Joseph Werner d. J. nahezu die gesamte Elite der süddeutschen Barockmalerei in Augsburg auf.

Im Jahr 1674 gründete Joachim von Sandrart eine private Kunstakademie, die der Vorläufer zur **Reichsstädtischen Kunstakademie** werden sollte, die im Jahr 1710 aus jener hervorging. Sie entwickelte sich zur bedeutendsten künstlerischen Ausbildungsinstitution im Süden Deutschlands.

Augsburger Persönlichkeiten

- **Afra** (Tod um 304). Augsburgs Stadtheilige starb während Christenverfolgungen den Feuertod. Sie wird in der Stadt seit dem 6. Jh. verehrt (St. Ulrich und Afra 7).
- **Ulrich** (890–973). Der Bischof von Augsburg ging 955 als Sieger der Schlacht vom Lechfeld gegen die Ungarn, aber auch als weitsichtiger Stadtherr in die Geschichte ein. Bereits im Jahr 993 wurde er heiliggesprochen.
- **Agnes Bernauer** (1410–1435). Die Baderstochter heiratete – nicht standesgemäß – Herzog Albrecht III. und wurde deshalb auf Befehl von dessen Vater in der Donau ertränkt.
- **Hans Holbein d. Ä.** (1465–1524) gilt als der erste bedeutende Maler aus Augsburg zwischen Spätgotik und Renaissance und übte mit seiner eigenen Schule großen Einfluss aus. Sein Sohn **Hans Holbein d. J.** (1497–1543) entwickelte sich zu einem der bedeutendsten Porträtmaler Europas.
- **Konrad Peutinger** (1465–1547) war einer der führender Politiker der Stadt, Antikenforscher und Sammler sowie Stadtschreiber. Die spätantike Europakarte „Tabula Peutingeriana" ist nach ihm benannt.
- **Bartholomäus V. Welser** (1484–1561), zwischen 1519 und 1551 Chef eines der größten Handels- und Bankhäuser in Europa, setzte sich 1519 für die Wahl Karls V. zum deutschen Kaiser ein. Lohn dafür waren die Nutzungsrechte der Kolonie Venezuela. Sein Sohn **Bartholomäus VI. Welser** (1512–1546), der zusammen mit Philipp von Hutten 1540 in den südamerikanischen Urwald aufgebrochen war, kam um und auch weitere Expeditionen scheiterten. 1556 ging die erste deutsche Überseekolonie verloren.
- **Jakob Fugger der Reiche** (1459–1525). Unter seiner Ägide entwickelte sich das Familienunternehmen zum mächtigsten europäischen Handels- und Bankhaus. Der „deutsche Medici", der sich selbst als „Mann der neuen Zeit" sah, war nicht nur kunstinteressiert, sondern auch ziemlich geldgierig. Sein Reichtum sorgte dafür, dass die Kaiser Maximilian I. und Karl V. auf ihn als Finanzier angewiesen waren. Gleichzeitig galt er aber auch als „altmodisch", gottesfürchtig und fromm und war ein Gegner der Reformation. Er wurde von Kaiser Maximilian 1511 in den Adelsstand erhoben, erhielt Ehrungen und machte sich durch Stiftungen wie die der Fuggerkapelle oder der Fuggerei beliebt. Da seine Ehe mit Sibylla Fugger kinderlos blieb, gingen seine Firma und sein Erbe an seine Neffen Raymund und **Anton Fugger** (1493–1560). Letzterem gelang es, das geerbte Vermögen zu verdoppeln. Er gilt deshalb als einer der reichsten Männer der Weltgeschichte. Mit seinem Tod endete die Ära der Fugger.
- **Elias Holl** (1573–1646). „Stadtwerkmeister" (Stadtbaumeister) von Augsburg, dem man das Rathaus und Bauten wie Stadtmetzg, Zeughaus, Neuer Bau, Gymnasium bei St. Anna und die Stadttore zu verdanken hat (s. S. 99). Er war es, der den italienischen Renaissancestil über die Alpen nach Augsburg brachte.
- **Johann Evangelist Holzer** (1709–1740). Holzer war einer der heraus-

ragenden Freskomaler der Stadt. Er ging beim Augsburger Akademiedirektor Johann Georg Bergmüller in die Lehre.

- **Johann Georg Leopold Mozart** (1719–1787). Der Musiklehrer und Hofmusiker wurde weniger wegen seiner „Violinschule" berühmt, sondern als Vater von Wolfgang Amadeus Mozart.
- **Johann Heinrich Schüle** (1720–1811) eröffnete 1759 die erste Kattundruckfabrik in der Stadt.
- **Georg Haindl** (1816–1878) gründete 1849 mit F. Pustet eine Papierfabrik in der Stadt. Diese wurde zur größten Zeitungspapierfabrik Europas.
- **Rudolf Diesel** (1858–1913) entwickelte bei der MAN in Augsburg zwischen 1893 und 1897 den nach ihm benannten Motor.
- **Eugen Berthold Friedrich „Bert" Brecht** (1898–1956). Als Sohn eines kaufmännischen Angestellten in Augsburg geboren, studierte Brecht in München, zog nach ersten Erfolgen als Dramatiker nach Berlin und lebte zeitweise in den USA. Seine Heimatstadt hatte lange ein schwieriges Verhältnis zu ihm. Er galt als Bürgerschreck und Kommunist. Neben dem Brechthaus 24 gibt es einen Brecht-Raum in der Buchhandlung am Obstmarkt (s. S. 83) und das jährlich stattfindende Brechtfestival (s. S. 87).
- **Wilhelm Messerschmitt** (1898–1978). Der Flugzeugbauer zog mit seiner Fabrik 1927 nach Augsburg und entwickelte hier den ersten Düsenjet. Heute ist die Firma unter dem Namen AEROTEC (EADS-Tochter) in Augsburg ansässig.
- **Curt Frenzel** (1900–1979), Herausgeber der Augsburger Allgemeinen, wurde als Förderer des lokalen Eishockeys und Initiator des Baus des nach ihm benannten Eisstadions berühmt.
- **Gebhard Weigele** und **Johann Sulzberger,** zwei Tüftler und Ingenieure aus dem westlichen Vorort Neusäß, nahmen am 8. August 1962 in Augsburg die erste automatische Waschanlage Deutschlands (Auf dem Kreuz) in Betrieb. Sie wurde als „Wesumat"-Autowaschanlagen patentiert. 2000 fusionierte man mit einer anderen Firma zur WashTec AG.
- **Helmut Haller** (1939–2012), weltberühmter Fußballer aus Augsburg, wurde mit der deutschen Nationalmannschaft 1966 Vizeweltmeister, spielte 1962 bis 1973 in Italien (FC Bologna, Juventus Turin) und kehrte 1973 bis 1976 zum FCA zurück, wo er 1948 seine Karriere begonnen hatte.
- **Erhard Wunderlich** (1956–2012) galt in den späten 1970er- und 1980er-Jahren als Spitzen-Handballspieler (1978 Weltmeister, 1984 Silbermedaillengewinner bei den Olympischen Spielen). Mit dem VFL Gummersbach holte er zahlreiche Titel und 1999 wurde er zum „Handballspieler des Jahrhunderts" gewählt.
- **Hans Breuer** (1930–2021), SPD, amtierte von 1972 bis 1990 und wurde als „Oberbürgermeister der Herzen" bekannt. Als Sportreferent hatte er zudem die Kanuwettbewerbe der Olympischen Spiele 1972 nach Augsburg geholt und so verdankt ihm die Stadt die berühmte Kanustrecke (s. S. 56).

Stadt des Friedens

Böse Zungen behaupten, dass am **8. August**, wenn die Stadt das Hohe Friedensfest begeht, die Augsburger ins Umland oder nach München fahren, um ausgiebig zu shoppen. In den letzten Jahren wuchs jedoch die Zahl derer, die sich aktiv an den Festlichkeiten beteiligen und sie genießen. Sie beginnen schon Wochen vorher mit diversen Veranstaltungen, u.a. im Rahmen des „Festivals der Kulturen", und enden mit einem gemeinsamen Gastmahl aller Bürger auf dem Rathausplatz und einem Konzert. Das Fest geht auf den 8. August 1650 zurück, als die evangelische Gemeinde ein Fest zu Ehren des zwei Jahre zuvor geschlossenen Westfälischen Friedens feierte. Damit war nicht nur der Dreißigjährige Krieg beendet, sondern es wurde auch die Parität von Protestanten und Katholiken für immer manifestiert.

Schon 1511 war **Martin Luther** in der Stadt gewesen und 1518 beim Reichstag hatte er sich in einem Verhör gegenüber dem päpstlichen Abgesandten Cajetan – dem Verfasser der Ablasslehre – zu verteidigen. Luther floh vor der drohenden Verhaftung aus der Stadt. Im bischöflichen Palais – heute dem Palais Fronhof 15 – wurde 1530 Kaiser Karl V. die **Confessio Augustana**, das protestantische Gründungsmanifest, vorgetragen und 1555 wurde der **Augsburger Religionsfriede** unterzeichnet.

Die bedeutende Rolle Augsburgs als **Friedensstadt und Ort der Toleranz** offenbart sich auch in ihrer **Bevölkerungsstruktur:** Von den gut 305.000 Einwohnern sind rund 50% Ausländer bzw. Menschen mit Migrationshintergrund. Damit ist Augsburg eine der ethnisch buntesten Städte Deutschlands. Unter dem Label **Diverse City Augsburg** kümmert sich das Friedensbüro im Kulturamt der Stadt Augsburg (www.friedensstadt-augsburg.de) um die kulturelle Vielfalt in der Stadt.

Die größten Bevölkerungsgruppen bilden Türken bzw. türkischstämmige Augsburger sowie – mit großem Abstand – Italiener und Aussiedler aus der ehemaligen Sowjetunion, Rumänien, Kroatien und Bulgarien. Zuletzt dazu gekommen sind v.a. Flüchtlinge bzw. Asylsuchende aus Syrien, Irak, Afghanistan, Nigeria und der Ukraine. Insgesamt leben derzeit Menschen aus über 150 Ländern in der Stadt. Was die **Konfessionen** angeht, stellen die Katholiken mit rund 40% die Mehrheit. Knapp 15% der Augsburger sind evangelisch und der Rest gehört anderen Glaubensrichtungen oder keiner Religion bzw. Kirche an.

Tourismus

Mit **über 900.000 Übernachtungen** verzeichnete die Stadt 2022 einen neuen Rekord. Die meisten Touristen kommen aus Deutschland, gefolgt von Italienern. Größere Gruppen kommen noch aus den Niederlanden, aus Österreich und der Schweiz und – mit steigender Tendenz – den USA. Asiaten streifen die Stadt meist nur kurz auf ihrer Fahrt auf der Romantischen Straße zwischen Rothenburg und den Königsschlössern. Die Idee, eine „Romantische Straße" zu bewerben, war übrigens in den 1950er-Jahren in Augsburg aufgekommen, um den Tourismus anzukurbeln.

Unter **Augsburgs Museen** stehen Schaezlerpalais 6, Maximilianmuseum 3 und tim 31 in der Beliebtheitsskala ganz oben. Ebenfalls sehr beliebt sind Fuggerei 29, Goldener Saal und Puppenkiste 27.

Augsburger Braukunst

Es ist eines der unumstößlichen Nahrungsmittelgesetze: das Bayerische Reinheitsgebot für Bier, das 1516 erstmals schriftlich fixiert wurde. Kaum jemand weiß jedoch, dass in Augsburg schon **1156 ein Reinheitsgebot** für die lokalen Brauereien erlassen wurde. Es war Teil des unter Kaiser Friedrich Barbarossa entstandenen Stadtrechts und gilt damit als „erstes Verbraucherschutzgesetz" Deutschlands.

Augsburg war von jeher eine **Hochburg des Bierbrauens,** eine Regulierung des Qualitätsstandards ist bereits für 1143 beurkundet. 1368 entstand die erste Brauereizunftverfassung und um 1528 gehörten der Zunft schon 145 Braumeister an. 1579 wurde eine „Biergeschau" als Qualitätskontrolle eingeführt und 1869 eine der ersten Brauschulen gegründet. Dass in der Maschinenfabrik Augsburg 1873 Karl Linde das Kühlsystem entwickelte und die Riedinger Maschinen- und Bronzewarenfabrik Kühlanlagen herstellte, war eng an die Blütezeit der lokalen Brauereien gekoppelt.

Auch die Tatsache, dass in Bayern **Biergärten** eine so wichtige Rolle spielen, hängt mit einem Gesetz von 1812 zusammen, das den Bierausschank außerhalb der Gasträume erlaubte. So finden sich heute noch viele Biergärten in Augsburg, wohingegen die **Zahl der Brauereien** erheblich zurückgegangen ist. Das Handtuch warfen z.B. Bürgerbräu (1877–1990), die Goldene Gans (vor 1346–2009) und Fortuna Bräu (1804–1975, danach zu Hasen-Bräu gehörig). Augusta Bräu, seit 1488 in der Jakobervorstadt ansässig und Bierlieferant für die Jakober Kirchweih, lässt seit 2010 von der Unterbaarer Brauerei brauen. Noch in Augsburg gebraut wird von Riegele, Thorbräu und Hasen-Bräu. Vor allem die Biere der **Riegele Brauerei** (s.S. 69) – 1386 erstmals als solche erwähnt – gehören zu den besten der Welt und haben schon zahlreiche Auszeichnungen erhalten, vor allem für das Commerzienrat, das Aechte Dunkel und die neuen Craft- und Jahrgangsbiere. Die Brauerei und ihr höchst engagierter Braumeister Frank Müller erhielten schon zahlreiche Auszeichnungen (Info zu Touren: www.riegele.de/de/braukunst-erleben/brauereifuehrung).

Seit 1582 wird bei **Thorbräu** (s.S. 69) am Altstadtrand nahe dem Wertachbrucker Tor gutes Bier produziert, besonders das dunkle Kellerbier und das Biobier „Celtic" sind beliebt.

1464 wurde **Hasen-Bräu** von Ulrich Alpershofer gegründet und entwickelte sich in den 1920er-Jahren zur größten Brauerei der Stadt. Mittlerweile gehört man zu Tucher Bräu (die wiederum Teil der Radeberger Gruppe, einer Tochter des Oetker-Konzerns, ist) und in Nürnberg wird auch das Gros des Biers gebraut. In der historischen **Kälberhalle** 32 existiert eine Gasthausbrauerei, die u.a. ein ausgezeichnetes Kellerbier braut.

Auch in Augsburg entstehen **Craft Breweries.** Die bekannteste ist **Frau Gruber Craft Brewing** (Infos: https://liquidhops.de), gegründet von Enzo Frauenschuh – einst zweiter Braumeister bei Riegele – und Matthias Gruber. Im Vorort Bergheim gilt das **Rote Pony** als Insidertipp (www.rotespony.de), im südlichen Königsbrunn ist es **Köbi** (www.koebi.bayern).

Unterhaltsame Biertouren bieten **Tavern Tours** (s.S. 124), die wohl größte Bierauswahl das Lokal **Drunken Monkey** (s.S. 74).

Platsch da! Welterbe-Stadt Augsburg

Was haben die Prachtbrunnen an der Maximilianstraße, die Wassertürme am Roten Tor, der Hochablass und die zahlreichen Kanäle in der Altstadt gemeinsam? Sie legen alle Zeugnis von der einzigartigen historischen **Augsburger Wasserwirtschaft** ab, die 2019 in die **UNESCO-Welterbeliste** aufgenommen wurde.

Wer durch die Gassen der Altstadt schlendert, mag gerne glauben, dass es hier mehr Kanäle und Brücken geben soll als in Venedig. Ohne all die Wasserläufe in Augsburgs Altstadt wäre das luxuriöse Leben der Patrizier in der Oberstadt ebenso wenig möglich gewesen wie das wirtschaftliche Aufblühen der Stadt als Kunsthandwerks- und Textilmetropole.

In der Wassermetropole Augsburg gibt es allein **29 Lechkanäle,** die mit den anderen Kanälen und Bächen eine Gesamtlänge von rund 135 km erreichen. Dazu zu rechnen sind noch 35 km Flusslauf von Lech, Wertach und Singold sowie über 500 Brücken, 40 Wasserkraftanlagen, sieben Wassertürme und zahlreiche öffentliche Trinkwasserbrunnen, die auch über eine App zu orten sind (www.sw-augsburg.de/wasser/trinkwasserbrunnen). Das **Trinkwasser** stammt aus einem Tiefbrunnen im Stadtwald und wird seit 1879 vom ergiebigen Grundwasserstrom abgezapft. Augsburg hat kaum Wasserprobleme und verfügt über erstklassige Wasserqualität.

Zudem ist man stolz auf den **Eiskanal**, die erste von Menschenhand geschaffene Olympia-Wildwasser-Kanustrecke. 2019 wurde das Augsburger Wassermanagement-System mit seinen 22 historischen Objekten zum **UNESCO-Welterbe** erklärt.

Wurzeln bei den Römern

Die Wurzeln der Wasserwirtschaft in Augsburg reichen in die Römerzeit zurück: Spuren 2000 Jahre alter Wasserkanäle wurden bei archäologischen Grabungen auf dem Stadtgebiet gefunden. Vom 8. Jh. an entstand ein verzweigtes Kanalnetz, erstmals schriftlich belegt ist es im sog. **Augsburger Stadtrecht** 1276. Die beiden **Alpenflüsse Lech und Wertach** sowie die Singold speisen das Kanalsystem, ebenso wie sie zahlreiche Wasserkraftwerke antreiben. Mit über 20 Stauwerken und 26 Stauseen ist der Lech längst kein „wilder" Fluss mehr, vielmehr dient er im Alpenvorland als wichtige Energiequelle und Freizeitareal. Die **Renaturierung** des

028ab Abb.: mb

Augsburg gilt als Stadt der Kanäle

Lech im Stadtgebiet wird derzeit in Angriff genommen, bei der Wertach ist man bereits einen Schritt weiter: Nach dem Pfingsthochwasser 1999 wurde sie renaturiert.

Eine Besonderheit ist, dass man schon im 15. Jh. zwischen Trink- und Brauchwasser unterschied. Zudem hat die in Augsburg seit 500 Jahren technisch innovative Wasserwirtschaft sehenswerte **Architektur-, Technik- und Kunstdenkmäler** hervorgebracht: von spätmittelalterlichen Wasserwerken über Mühlräder, die den Handwerkern in der Unterstadt zur Energiegewinnung dienten, und Pumpwerken bis hin zu prächtigen Renaissancebrunnen. Auch geografisch ist das Spektrum breit: vom **Hochablass** 40 bis zu den frühen Wasserkraftwerken in der **Wolfzahnau** [be] und dem **Lechkanal** nördlich von Augsburg zwischen Gersthofen und Meitingen. Hier entstand 1907 bei der Ortschaft Langweid, ca. 15 km nördlich von Augsburg, ein sehenswertes Wasserkraftwerk, in dem sich heute zugleich ein **Museum** befindet.

Stilvolle Brunnen und Türme

Repräsentative Aushängeschilder der reichsstädtischen Fließwasserversorgung sind die drei Ende des 16. Jh. entstandenen **Prachtbrunnen an der Maxstraße** (s. S. 17), doch noch eindrücklicher demonstrieren die **Wassertürme am Roten Tor** (s. S. 41) – von Anfang des 15. bis Ende des 19. Jh. in Betrieb – Augsburgs historische Wasserwirtschaft. Drei der fünf Wassertürme der Stadt befinden sich hier am Roten Tor und erreichten eine Druckhöhe von 25 bis 28 m. Da Augsburg nur wenig Gefälle aufweist, kamen Wasserhebeanlagen und Pumpen zum Einsatz und auch diesbezüglich stellen die Türme am Roten Tor eine Besonderheit dar: Der Doppel-Wasserturm direkt neben dem Tor und der Spital- oder Kastenturm in der Ostmauer des Heilig-Geist-Spitals – letzterer versorgte die drei Prachtbrunnen – waren mit den fortschrittlichsten Maschinen der damaligen Zeit ausgestattet.

Die Türme wurden über **Festungstürmen aus dem Mittelalter** erbaut. Ihnen zu Füßen liegen der **Werkhof** mit dem sog. Unteren Brunnenmeis-

Blick ins historische Wasserwerk

160ab Abb.: mb

terhaus, das heutige **Schwäbische Handwerkermuseum** (s. S. 64) und das **Obere Brunnenmeisterhaus.** Das Wasser wurde ununterbrochen aus den Kanälen in höher gelegene Wasserbecken (Reservoirs) in den Türmen gepumpt. Von dort floss es durch Leitungen in die Stadt und versorgte öffentliche Brunnen und reiche Haushalte, die eine eigene Wasserversorgung hatten. Schon im 18. Jh. maß das Röhrensystem – bestehend aus durchbohrten Föhrenstämmen – der städtischen Wasserversorgung 36 km.

Das Ensemble am Roten Tor zeigt auch Geschmack, denn abgesehen von verschiedenen Baukörpern wie Hexagon, Oktogon, Kubus und Zylinder tritt hier der Baustil der Renaissance, den v. a. **Stadtbaumeister Elias Holl** geprägt hat, deutlich zutage. Die Wassertürme sind ein Beleg dafür, dass auch Zweckbauten architektonische Meisterwerke mit höchst stilvoller Innenausstattung sein können.

Wassertürme von Elias Holl am Roten Tor (s. S. 41)

108ab Abb.: mb

Welterbe Info-Zentrum

In den ehemaligen Räumen der Stadtsparkasse neben der Tourist-Info informiert das Welterbe Info-Zentrum auf rund 100 m² multimedial über das Wassersystem und Einzelobjekte, die Augsburg zum Weltkulturerbe-Ort werden ließen. Im Zentrum steht ein **Modelltisch** mit Karte und Markierung der 22 Welterbe-Objekte sowie der Bäche, Kanäle und Flüsse. Per Touchscreen können Details vergrößert werden. Eine Virtual-Reality-Brille lässt Besucher auf Tour durch das Wasserwerk am Roten Tor im 18. Jh. gehen und am Ende steht man beeindruckt vor dem Bronzenachguss einer Brunnenfigur des Augustusbrunnens.

› **https://wassersystem-augsburg.de/de/termine/wasser-der-stadt-0** – Infos zu Standorten und Führungen, zu Veranstaltungen wie den **Augsburger Wassertagen** (März–Nov., 1. So. im Monat, 12–17 Uhr, Gratistouren, Veranstaltungen). Ebenfalls interessant ist die Seite **www.wasserleben-augsburg.de** mit Karten.

› Durch die **Wassertürme am Roten Tor** 28 gibt es von April bis Okt. **Führungen:** Fr., Sa. 14, So. 11 Uhr, 9 €, 1 Std., Tickets nur online (www.augsburg-tourismus.de/de/unesco-welterbe).

› Die Broschüren **Unesco Welterbe Wasserwirtschaft** und **Auf Augsburger Türme** können unter www.augsburg-tourismus.de/de/broschueren heruntergeladen werden.

199 [D4] **Welterbe Info-Zentrum,** Rathausplatz 1, Tel. 3243078, https://wassersystem-augsburg.de/de/welterbe-info-zentrum, Apr.–Okt. Di.–Sa. 10–17, So. 10–16, Nov.–März werktags nur bis 16.30 Uhr

★**200 Wasserkraftwerk Langweid/Lechmuseum Bayern,** Lechwerkstr. 19 (ab B2, ausgeschildert), April–Okt. jeden ersten So. im Monat 10–18 Uhr, gratis, www.lechmuseum.de

PRAKTISCHE REISETIPPS

056ab Abb.: mb

An- und Rückreise

Mit dem Auto

Die Autobahn A8 (Stuttgart–München–Salzburg) und die Schnellstraßen B2 bzw. B17 kreuzen Augsburg in Ost-West- bzw. Nord-Süd-Richtung. Von Hamburg nach Augsburg sind es rund 750 km, das sind 7 bis 8 Stunden im Auto, meist geht es per Bahn schneller. Frankfurt z. B. liegt etwa 365 km (3,5 Std.) entfernt. Je nach Ziel innerhalb Augsburgs gibt es zwei mögliche Autobahnabfahrten: Augsburg-Ost (im Nordosten, Stadtteil Lechhausen) oder Augsburg-West (im Norden, Gersthofen, via B2). Letztere ist v. a. zu Stoßzeiten die bessere Alternative. Aus Richtung Nürnberg/Berlin (Norden) kommt man am schnellsten auf der B2, aus dem Allgäu (Süden) auf der B17 in die Stadt.

Vorseite: Eine der fünf Trambahnlinien in Augsburg

Augsburg ist ein wichtiger Bahnknotenpunkt

Mit dem Zug

Augsburg ist ein wichtiger **Bahnknotenpunkt** und liegt an den Hauptstrecken München–Nürnberg/Frankfurt und München–Stuttgart. Mit München ist die Stadt durch eine viergleisig ausgebaute Bahnhauptstrecke verbunden. Dorthin verkehren Züge aller Art mindestens halbstündlich (mit Anschluss nach Italien und Österreich). Per ICE-Netz sind alle Städte schnell erreichbar, nach Norden geht es Richtung Nürnberg und über Würzburg Richtung Frankfurt, südwärts ins Allgäu (u. a. Füssen, Bad Wörishofen, Kempten, Oberstdorf) und an den Bodensee (und weiter nach Österreich oder in die Schweiz) und Richtung Westen erreicht man über Ulm Stuttgart (Anschluss nach Frankreich).

Vom historischen **Hauptbahnhof** 34 am westlichen Rand des Zentrums kommt man in gut 10 Minuten zu Fuß ins Herz der Innenstadt. Gleichzeitig fahren am Hauptbahnhof Busse und Straßenbahnen in alle Richtungen ab.

Derzeit wird der Bahnhof zu einem **modernen Verkehrszentrum** umge-

161ab Abb.: mb

baut (www.mobilitaet-weiterdenken.de/hauptbahnhof). Ab Herbst 2023 ist das Bahnhofsgebäude wiedereröffnet, der zugehörige Straßenbahntunnel befindet sich noch im Bau.

› Infos und Buchung: www.bahn.de, www.brb.de, www.go-ahead-bahn.de

Mit dem Flugzeug

Die beiden nächstgelegenen Flughäfen sind der – von allen größeren Airlines angeflogene – **F. J. Strauss Flughafen München** (MUC, www.munich-airport.de) und der **Allgäu Airport Memmingen/FMM** (www.memmingen-airport.de), von dem Augsburg aber nur schlecht mit dem öffentlichen Nahverkehr erreichbar ist.

Von Memmingen kommt man mit dem Leihwagen (mehrere Mietwagenfirmen am Flughafen) auf der A96 (München–Lindau, Ausfahrt Memmingen Ost) bis Landsberg und dann auf der B17 nach Augsburg. **Von München** gelangt man entweder per S-Bahn S1 oder S8 nach München-Pasing oder zum Münchner Hauptbahnhof und von dort mit dem Zug nach Augsburg – die Gesamtfahrtzeit beträgt knapp zwei Stunden plus Wartezeiten. Alternativen sind Shuttlebusse (nach Voranmeldung, z. B. Bavaria Transfer, Tel. 499001).

Autofahren

Wer mit der Bahn nach Augsburg kommt, braucht kein Auto. Das meiste ist gut zu Fuß oder mit dem öffentlichen Nahverkehr erreichbar. Die als Fußgängerzonen ausgewiesenen Teile der Innen- und Altstadt sind sowieso für den Autoverkehr gesperrt.

In der Innenstadt ist man überwiegend auf relativ teure **Parkplätze und -garagen** angewiesen. Es gibt ein Parkleitsystem. Im Stadtzentrum liegen zum Beispiel:

P201 [F5] **Parkhaus City-Galerie,** Willy-Brandt-Platz 1 (Zufahrt Jakoberwallstr.)

P202 [B5] **Parkhaus Hauptbahnhof,** Halderstr. 29a

P203 [C4] **Parkhaus Schaezlerstraße,** Schaezlerstr. 9a

Eine Stunde kostet im Schnitt 2–2,50 €, ein Tag ca. 12–14 €. Preiswerter ist das Parkhaus in der City-Galerie, wo man zum Beispiel zwei Stunden für 1,20 € und jede weitere Stunde für 1 € parkt. Unter www.augsburg.de/buergerservice-rathaus/verkehr/parken finden sich ein Plan mit Links zu den einzelnen Parkhäusern und ihren Tarifen sowie Informationen zum Bezahlen der Parkgebühren mit dem Smartphone („Handy-Parken").

Zudem gibt es sieben **Park & Ride-Plätze** (www.sw-augsburg.de/privatkunden/mobilitaet/swa-bus-tram/park-ride), die per ÖPNV an die Innenstadt angebunden sind.

Wie München und andere Städte ist auch die erweiterte Innenstadt von Augsburg als **Umweltzone** (Stufe 2) ausgewiesen und es ist eine grüne Plakette nötig. Bei Pannen hilft der:

•204 [C4] **ADAC,** Fuggerstr. 11, Tel. 502880

Wer mit dem Wohnmobil kommt kann es stadtnah abstellen:

P205 [af] **Wohnmobilstellplatz Wertach,** Bürgermeister-Ackermann-Str. 1, Tel. 551686, ganzjährig, 25 Plätze, ca. 15 Gehminuten ins Zentrum, via B17 (Ausfahrt Zentrum/Pfersee) erreichbar (ausgeschildert). Zwar schön am Fluss Wertach, allerdings auch an einer viel befahrenen Straße, gelegen.

Barrierefreies Reisen

Wegen des großen Anteils an historischer Bausubstanz ist Barrierefreiheit in Augsburg zwar nicht immer leicht realisierbar, doch wurden diesbezüglich immerhin einige Fortschritte gemacht. Ampeln mit akustischen Signalen sind allgemein verbreitet, barrierefreie Haltestellen an Straßenbahnen zu 75 % verwirklicht. Ein Unterkunftstipp könnte das Hotel einsmehr (s. S. 126) sein, das auch rollstuhlgerechte Zimmer anbietet.

Auf der Website des **Behindertenbeirats der Stadt Augsburg** finden sich viele hilfreiche Tipps, Hinweise und weiterführende Links. Darüber hinaus hat **Benedikt Lika**, mobilitätseingeschränkter und engagierter Stadtrat, drei barrierefreie Touren durch Augsburg entwickelt.

› www.augsburg.de/buergerservice-rathaus/rathaus/beiraete/behindertenbeirat
› www.augsburg-tourismus.de/de/barrierearm (Touren)
› **Bayerischer Blinden- und Sehbehindertenbund e.V.**, Tel. 4554150, https://bbsb.org/der-bbsb/bezirksgruppen/schwaben-augsburg. Blinde und sehbehinderte Menschen erhalten hier Auskunft.

Diplomatische Vertretungen

› **Österreichisches Generalkonsulat,** Ismaninger Str. 136, 81675 München, Tel. 089 998150, www.bmeia.gv.at/gk-muenchen
› **Schweizerisches Generalkonsulat,** Prinzregentenstr. 20, 80538 München, Tel. 089 2866200, www.eda.admin.ch/muenchen

Geldfragen

München gilt als derzeit teuerste Stadt in Deutschland. Da Augsburg im Großraum von München gelegen ist, ist das Preisniveau auch hier hoch und beinahe mit dem der bayrischen Hauptstadt vergleichbar. Aufgrund der guten Bahn- und Autobahnanbindung arbeiten viele Menschen in München, wohnen aber – da es (bisher noch) preiswerter ist – in Augsburg.

Informationsquellen

Touristeninformation

ⓘ **206** [D4] **Tourist-Information,** Rathausplatz 1, Tel. 0821 502070, www.augsburg-tourismus.de/de/tourist-info, Apr.-Okt. Mo.-Fr. 8.30-17.30, Sa. 10-17, So. 10-15 Uhr, Nov.-März Mo.-Fr. 9-17, Sa. 10-17, So. 10-15 Uhr. Allgemeine Informationen zu Stadt und Region, auch Ticketservice, Hotelvermittlung, Stadtrundfahrten/-gänge, Pläne, Bücher u. a. Souvenirs.

059ab Abb.: mb

Die Stadt im Internet

- **www.augsburg-tourismus.de** – Website von Regio Augsburg mit touristischen Informationen zu Stadt und Region
- **www.augsburg.de** – Internetportal der Stadt Augsburg mit herunterladbarem Stadtplan und Infos z. B. unter „Freizeit“ oder „Kultur“
- **www.augsburg-city.de** – Infos zur Augsburger Innenstadt mit vielen Tipps von Augsburg Marketing
- **www.wissner.com/stadtlexikon-augsburg/startseite** – informatives Onlinelexikon mit über 3000 Stichwörtern
- **www.daz-augsburg.de** – unabhängige Augsburger Internetzeitung (eine Alternative zur dominierenden Tageszeitung)
- **https://home.meinestadt.de/augsburg** – Infos zu aktuellen Geschehnissen, Politik und Veranstaltungen
- **https://lifeguide-augsburg.de** – befasst sich mit nachhaltigem Konsum und nachhaltigem Lebensstil in und um Augsburg, mit Einkaufstipps und Lokalen
- **https://die-stauden.de** und **https://naturpark-augsburg.de** – viele Informationen zur Region westlich der Stadt
- **www.meinistdein-augsburg.de** (s. S. 124).
- **www.bayerisch-schwaben.de** – Website des Tourismusverbands Allgäu/Bayerisch-Schwaben e. V. (Tel. 4504010). Infos zu Bayerisch-Schwaben – im Südwesten Bayerns vom Ries im Norden bis zum bayerischen Voralpenland im Süden
- **https://presse-augsburg.de** – kostenloses Nachrichtenportal für Augsburg und die Region
- **Virtuelles Augsburg in 3D (Stadtmodell):** www.augsburg.de/buergerservice-rathaus/3D-Stadtmodell

Die Tourist-Info sollte erster Anlaufpunkt für Besucher sein

Augsburg preiswert

In vielen Hotels in Augsburg (und in der Touristeninformation, s. S. 114) kann man als Gast ein **AVV-Hotelticket** erwerben und damit für 8,20 € zwei Tage lang beliebig oft den **öffentlichen Nahverkehr** in der Innenstadt nutzen. Es gibt außerdem verschiedene Rabatte. Gäste des rugs Hotel Augsburg-City dürfen mit ihrem Zimmerausweis alle Linien gratis benutzen.

Viele Lokale bieten zur Mittagszeit preiswerte **Tagesmenüs** an. Man findet sie u. a. in der Tageszeitung gelistet. Die „Wasserstadt Augsburg“ bietet an zahlreichen **Trinkwasserbrunnen** kostenlos erstklassiges Wasser zum Nulltarif (www.sw-augsburg.de/wasser/trinkwasserbrunnen). An **Sonntagen** sind die großen städtischen Museen (s. S. 62) gratis zu besichtigen.

Veranstaltungen wie La Strada (s. S. 88) oder Teile des Festivals der Kulturen/Water & Sound (s. S. 88) sind ebenfalls gratis.

Augsburg-Apps

- **AVV.mobil:** App des Augsburger Verkehrsverbundes mit Ticketshop, Fahrplanauskunft, Haltepunkten und Verbindungen aller öffentlichen Verkehrsmittel (gratis für iOS und Android)
- **Mozart in Augsburg** – Kabarettist Maxi Schafroth verleiht Wolfgang Amadeus Mozart seine Stimme (gratis für iOS und Android).
- **Neue Szene:** App des kostenlosen, monatlichen Stadtmagazins mit Hinweisen zu aktuellen Veranstaltungen (gratis für Android)
- **swa Apps:** Die Stadtwerke Augsburg bieten die Apps **swa City** (Touren per Tram,

Tipps und Events), **swa mobil** (Nahverkehr) und **swa Carsharing** (Mietwagen und Mieträder), auch unter www.sw-augsburg.de/privatkunden/dienstleistungen/swa-apps (gratis für iOS und Android).

- **RömA:** römisches Augsburg, Kombination aus Audio-Guide und interaktiver Stadtführung vorbei an römischen Monumenten der Stadt und der Sonderausstellung Römerlager (gratis für Android)

Publikationen und Medien

- **www.augsburger-allgemeine.de** – Tageszeitung mit riesigem Verbreitungsgebiet und Auflage von etwa 220.000 Exemplaren pro Tag (mit der Allgäuer Zeitung, an der die AZ zu 50 Prozent beteiligt ist, rund 285.000). Was die „AZ" schreibt, ist in der Stadt quasi Gesetz.
- **www.augsburg-journal.de** – Augsburg Journal, Stadtmagazin im Boulevardstil, das monatlich erscheint

Unsere Literaturtipps

- **Geschichte der Stadt Augsburg von der Römerzeit bis zur Gegenwart** (Theiss Verlag Stuttgart, 1985). Zur 2000-Jahrfeier der Stadt erschienener „Wälzer" von Professoren der Uni Augsburg, der über die Stadtgeschichte erzählt.
- Lesenswert ist auch die **Geschichte Augsburgs** (C.H. Beck, 2005) von Bernd Roeck.
- An Archäologieinteressierte richtet sich der 2022 erschienene Band **Das römische Augsburg: Militärplatz, Provinzhauptstadt, Handelsmetropole** (wbg/Zabern) von Gregor Weber, Sebastian Gairhos u. a.
- Einen amüsanten Einblick in das Gemüt der Augsburger gibt der Autor Benno Plabst mit seinen Geschichten über den Herrn Plimm, zum Beispiel **Plimm geht durch die Stadt** (Presse-Druck-und Verlags GmbH, 1979), **Gestatten, Plimm** (Wißner, 2000), **Grüß dich, Augsburg** (Presse-Druck-und Verlags GmbH, 1984) oder **Der Hundsnix** (Presse-Druck-und Verlags GmbH, 1991).
- **'s Buzzele isch da!**, von Stefan Gruber im Verlag der StadtZeitung erschienen, ist eine humorvolle Übertragung der Weihnachtsgeschichte ins Schwäbische.
- Um Lieblingsplätze in Augsburg und Umland geht es in Lilo Solchers Büchlein **Bayerisch-Schwaben: Lieblingsplätze zum Entdecken** (Gmeiner Verlag, 2018).
- Alles zu Elias Holl erfährt man in dem kiloschweren Katalog von C. Emmendörfer und C. Trepesch (Hrsg.): **450 Jahre Elias Holl (1573–1646) – Meister Werk Stadt** (Imhof Verlag 2023).
- P. Gassert, G. Kronenbitter, S. Paulus, W. Weber (Hrsg.), **Augsburg und Amerika. Aneignungen und globale Verflechtungen in einer Stadt** (Wißner-Verlag, 2014). Von den Aktivitäten der Augsburger Handelshäuser über transatlantische Migrationsbewegungen bis hin zur US-amerikanischen Militärpräsenz 1945 bis 1998.
- Georg Klein, **Roman unserer Kindheit** (Rowohlt, 2010). Der in Augsburg geborene Schriftsteller Klein schildert die Kindheit im Augsburger Stadtviertel Bärenkeller in den 1960er-Jahren.
- Der Augsburger Peter Dempf hat sich mit seinen historischen Romanen einen Namen gemacht. Als ers-

und über die High Society und lokales Geschehen informiert.

- **www.neue-szene.de** – Neue Szene Augsburg ist ein Stadtmagazin für Augsburg und Umgebung, das monatlich erscheint, gratis in Geschäften und Lokalen ausliegt und einen ausführlichem Veranstaltungskalender bietet.
- Lokalradiosender: **Rock Antenne** (87,9 UKW), **RT1** (Radio unter Beteiligung der AZ, 96,7 UKW), **Radio Fantasy** (93,4 UKW).
- Privat-TV: **a.tv,** Augsburger Lokalsender, (getragen u. a. vom Bistum Augsburg und der AZ).

Internet

Viele **Hotels** bieten einen kostenlosen WLAN-Zugang. Die Stadt stellt am **Rathaus-** [D4] und am **Königsplatz** 9 sowie in den **öffentlichen Verkehrsmitteln** freies WLAN zur Verfügung.

ter erschien 1999 **Das Geheimnis des Hieronymus Bosch** (Eichborn-Verlag), lesenswert ist das Buch **Sagenhaftes Augsburg: Geschichten einer Stadt** (Wißner-Verlag, 2000).

- Die Kunsthistorikerin und Augsburgerin Martha Schad hat sich in zahlreichen Büchern mit der Geschichte der Frauen – vor allem der Augsburgerinnen – befasst, z. B. **Die Frauen des Hauses Fugger** (Piper Verlag, 2009) oder **Mozarts erste Liebe. Das Bäsle Marianne Thekla Mozart** (Wißner-Verlag, 2004).
- Bekannt wurde Martin Kluger vor allem durch seine Fuggerbücher, z. B. **Die Fugger in Augsburg: Kaufherrn, Stifter und Mäzene** (2010). 2015 wurde der Titel **Augsburgs historische Wasserwirtschaft. Der Weg zum UNESCO-Welterbe** veröffentlicht. Seine Bücher sind im lokalen Context Verlag (www.context-mv.de) erschienen.
- Ebenfalls die Fuggerei und ihre Einwohner zum Thema hat das Buch **Die Fuggerei** von Astrid Gabler (Hrsg., Hanser Verlag München, 2020).
- Seit 1991 lebt Franz Dobler in Augsburg, dessen Buch **Johnny Cash und die seltsame und schöne Welt der Countrymusik** (Heyne) zu den Klassikern der Popliteratur gehört.
- Arno Löb hat mit Freunden die Kunstfigur Peter Garski geschaffen, die als Autor von elf Augsburg-Krimis agierte (zuletzt **Kurhauschaos und Möpse,** A-Crime Ltd., 2014).
- Die Deutsch-Libanesin Lydia Daher lebt in Augsburg und ist Lyrikerin und Musikerin. Zuletzt erschienen **Kleine Satelliten. Graphic Poetry** (MaroVerlag, 2016) und die hörenswerte Musik-CD **Wir hatten Großes vor** (Trikont, 2017).
- **Home in a Bowl** ist ein interkulturelles Kochbuch (zwei Ausgaben!) mit Rezepten in der Stadt lebender Zuwanderer (http://homeinabowl.de, in vielen Buchläden).
- Von der Augsburger Puppenkiste handelt der Roman **Herzfaden** (Kiepenheuer & Witsch, Köln 2020) von Thomas Hettche.
- Toni Ludwig – möglicherweise das Pseudonym eines stadtbekannten Kunsthistorikers in führender Stellung – veröffentlichte 2023 den Augsburg-Kunst-Krimi **Die Silberkammer** im Wißner Verlag.

Gratis-Internetzugang gibt es auch in der Fußgängerzone in den Bereichen um den Kö, die Bürgermeister-Fischer-Str., Moritz- und Rathausplatz sowie Annastr. und Stadtmarkt (einmalige Anmeldung für 24 Std. nötig). Öffentliche **WLAN-Hotspots** gibt es außerdem in vielen Cafés (s. S. 72) und Treffpunkten, Parks sowie Lokalen. Zudem kann in Einrichtungen wie der Stadtbücherei (s. S. 27), am Hauptbahnhof 34 und vor der City-Galerie auf dem Willy-Brandt-Platz [E5] gesurft werden.

› www.augsburg.de/buergerservice-rathaus/buergerservice/wlan

LGBT+

Augsburg ist nicht eben revolutionär, was seine LGBT-Szene angeht. Einige Tipps und Veranstaltungen sind unter https://queer-augsburg.de gelistet. Unter www.augsburg.edu/lgbtqia der Uni Augsburg finden sich News und Veranstaltungshinweise und auch www.csd-augsburg.de – die Seite der Christopher Street Day Initiative – kann hilfreich sein. Ein Treff für Frauen ist:

•207 [bh] **Frauenzentrum Augsburg e. V.,** Haunstetter Str. 49, Tel. 581100, http://frauenzentrum-augsburg.de

Cafés, Bars, Clubs

› Unter www.lovepop.info/augsburg finden sich aktuelle Termine und Locations für Queer Clubbing.

› Mehrere Café-Bistros an der Maximilianstraße 5, z. B. das Seven Five (Nr. 75), sind beliebte Treffs.

Unterkunft

208 [E3] **Fux Altstadt Appartements** €, Drittes Quergäßchen 1, Tel. 08822 93093, www.servicedapartments.de. In dem als gay-friendly bekannten Haus werden unterschiedlich große Apartments vermietet.

Medizinische Versorgung

209 [E2] **KVB-Bereitschaftspraxis am Vincentinum,** Franziskanergasse 12, Tel. 116117 (keine Voranmeldung), an Wochenenden 9–21, Mi. 14–21, Fr. 16–21 Uhr, mit Kinder-Notfallpraxis

210 **Notaufnahme/KVB-Bereitschaftspraxis Universitätsklinikum Augsburg,** Stenglinstr. 2, Tel. 116117, Mo., Di., Do. 18–22, Mi., Fr. 13–22, Sa., So. 8–22 Uhr

211 [B5] **AllDent,** Viktoriastr. 7 (im HELIO Center am Hbf.), Mo.–Fr. 7–21, Sa. 8–20 Uhr sowie Rund-um-die-Uhr-Notdienst, Tel. 9997930. Zahnklinik.

212 [B5] **Augusta Apotheke,** Bahnhofstr. 29

› **Hofapotheke St. Afra** (s. S. 85)

› **Ärztlicher Bereitschaftsdienst** außerhalb der Praxiszeiten: Tel. 116117

Mit Kindern unterwegs

Für Familien gibt es viele verschiedene Möglichkeiten, eine unterhaltsame Zeit in Augsburg zu verbringen. An erster Stelle steht natürlich ein Besuch der Augsburger Puppenkiste 27 (Aufführungen mit Jim Knopf, Lukas, dem Lokomotivführer, und ihren Freunden sowie Museum). Weitere Ausflugsziele, mit denen man Kinder begeistern kann, sind zum Beispiel das Naturmuseum 13, die Feuerwehrerlebniswelt (s. S. 63), der Zoo 39, der Kuhsee 40 oder der Botanische Garten 38 – jeweils mit Spielplatz.

068ab Abb.: mb

Im Museum „Die Kiste“ (s. S. 40) können Kinder hinter die Kulissen des Marionettentheaters blicken

Kultur für Kinder bietet das

› **Kindertheater im Kulturhaus Abraxas** (s. S. 78). Junges Staatstheater Augsburg (www.jt-augsburg.de), Fakstheater (https://fakstheater.de) und Klexs Theater (https://klexs-theater.net) sind hier in einem Bau untergebracht.

Läden für Kinder

213 [D4] **Latztruhe**, Metzgplatz 3, Mo.–Fr. 10–18, Sa. 10–15 Uhr. Ökologische Baby- und Kinderbekleidung, Spielwaren, Tragehilfen.

214 [D4] **Holzwurm,** Metzgplatz 5, https://der-holzwurm-augsburg.de, Mo.–Fr. 10–18, Sa. 10–15 Uhr. Alteingesessener Laden in der Altstadt für Holzspielzeug, -spiele, -puppen, Instrumente, Kaufläden u. a.

215 [C2] **Puppen und Teddy Fachgeschäft und Klinik,** Auf dem Kreuz 10, www.puppenklinik-augsburg.de, Di.–Fr. 10–18 Uhr. Reparaturen, aber auch Fachgeschäft für Puppen und Teddys, auch Sammlerstücke.

Notfälle

Verlust und Diebstahl

Bei **Verlust der Debit-/Giro-, Kredit- oder SIM-Karte** gibt es für Kartensperrungen eine **deutsche Zentralnummer** (unbedingt vor der Reise klären, ob die eigene Bank bzw. der jeweilige Mobilfunkanbieter diesem Notrufsystem angeschlossen ist). **Aber Achtung:** Mit der telefonischen Sperrung sind die Bezahlkarten zwar für die Bezahlung/Geldabhebung mit der PIN gesperrt, nicht jedoch für das **Lastschriftverfahren mit Unterschrift.** Man sollte daher auf jeden Fall den Verlust zusätzlich **bei der Polizei zur Anzeige bringen,** um gegebenenfalls auftretende Ansprüche zurückweisen zu können.

Notfallnummern

- **Notarzt, Feuerwehr und Rettungsdienst:** Tel. 112
- **Polizei:** Tel. 110 (Notruf) bzw. Tel. 3232110 (Polizeiinspektion Augsburg-Mitte)

In **Österreich** und der **Schweiz** gibt es keine zentrale Sperrnummer, daher sollten sich Besitzer von in diesen Ländern ausgestellten Debit- oder Kreditkarten vor der Abreise bei ihrem Kreditinstitut über den zuständigen Sperrnotruf informieren. Generell sollte man sich immer die **wichtigsten Daten** wie Kartennummer und Ausstellungsdatum **separat notieren**, da diese unter Umständen abgefragt werden.

- **Deutscher Sperrnotruf:** Tel. +49 116116 oder Tel. +49 3040504050
- **Weitere Infos:** www.kartensicherheit.de, www.sperr-notruf.de

Der Verlust oder Diebstahl des Ausweises oder anderer wichtiger Dokumente muss bei der **Polizei** gemeldet und protokolliert werden.

216 [B4] **Polizeiinspektion Augsburg-Mitte,** Frölichstr. 2, Tel. 3232110

217 [bg] **Polizeipräsidium Schwaben Nord,** Gögginger Str. 43, Tel. 3230

Fundbüros

- **DB Station & Service AG,** www.bahn.de/service/ueber-uns/fundservice, Tel. 030 586020909. Fundsachen aus Zügen und von Bahnhöfen, auch Online-Meldung möglich.

218 [E3] **Fundbüro der Stadt Augsburg,** Bei St. Max 1, Tel. 3246304 und 3246305, www.augsburg.de/buergerservice-rathaus/buergerservice/fundbuero, Mo.–Fr. 8–12, Do. auch 13–17.30 Uhr

Post

Abgesehen von mehreren Verkaufspunkten gibt es im Stadtzentrum zwei Postämter, beide ausgestattet mit einem Postbank Finanzcenter. Die **Postgebühren** nach Österreich bzw. in die Schweiz betragen für eine Postkarte 0,95 €.

219 [B5] **Postfiliale am Hauptbahnhof,** Halderstr. 29, Mo.–Fr. 8–18.30, Sa. 9–13 Uhr

220 [C4] **Postfiliale Grottenau,** Ludwigstr. 3–5, Mo.–Fr. 9–18.30, Sa. 9–13 Uhr

Radfahren

Fahrradverleih

Im Großraum Augsburg stehen an rund 30 Stationen ca. 500 Räder der Stadtwerke Augsburg (swa) bereit. Vorab ist eine kostenlose Registrierung bei **nextbike** über die Website www.swa-rad.de/de/augsburg oder deren App nötig. Es werden dabei 1 € vom Konto abgebucht, die jedoch als Startguthaben verrechnet werden.

Die **Ausleihe** erfolgt dann am elektronischen Stationsterminal oder via nextbike-App. Man muss das Fahrradkennzeichen angeben und kann mit dem mitgeteilten Code das Zahlenschloss öffnen. Bei der **Rückgabe** wird das Rad wieder an einer beliebigen Station angeschlossen (Hotline anrufen oder am Stationsterminal bzw. in der App auf Rückgabe drücken). Der **Basistarif** beträgt gegenwärtig 1 €/15 Min. bzw. 15 €/24 Std. Einige zentrale Stationen sind:

- **Königsplatz** [C5]
- **Ernst-Reuter-Platz** [C4], Stadtbücherei/Stadtmarkt
- **Hauptbahnhof** [B5]

Radwegenetz

Radeln ist in Augsburgs Innenstadt teilweise wenig empfehlenswert bzw. gefährlich. Noch immer fehlen Radwege in der verkehrsreichen Innenstadt, teilweise ist die Planung halbherzig und Radwege enden unvermittelt. 2021 wurde mit einem neuen **Radlervertrag** jedoch eine Verkehrswende eingeleitet. Um das Bürgerbegehren „Fahrradstadt jetzt" abzuwenden, hat sich die Stadt mit diversen Initiativen auf Maßnahmen für die nächsten Jahre geeinigt. Dazu zählt der Wegfall von Pkw-Stellplätzen, die Schaffung von Fahrradstellplätzen, die teilweise Umwidmung von Tempo-50- in Tempo-30-Zonen und die Verbesserung von Durchgängigkeit und Sicherheit von Radwegen.

Die Regio Augsburg informiert auf www.augsburg-tourismus.de/de/radeln-und-wandern über Wander- und Radwege und bietet Broschüren zum Download an. Ebenfalls informativ ist die Seite www.augsburg.de/buergerservice-rathaus/verkehr/radverkehr. Ausgewiesene **Radwege im Umland**, z. B. der Wertachradweg, sind online unter www.eva-augsburg.de/wertach-radwanderweg beschrieben. Der **ADFC** (https://augsburg.adfc.de) gibt die ADFC-Regionalkarte „Augsburg und Umgebung" im Maßstab 1:75.000 heraus. Während der **Radlwoche** Anfang Juli steht eine Woche lang das Rad im Zentrum der Aufmerksamkeit (www.augsburg.de/buergerservice-rathaus/verkehr/radverkehr/radlwoche).

078ab Abb.: mb

☒ *Mit dem Fahrrad durch Augsburg: nextbike macht es möglich*

Sicherheit

Augsburg ist für Besucher nicht gefährlicher als andere mittelgroße Städte in Europa. Die üblichen Vorsichtsmaßnahmen im Hinblick auf **Taschendiebe**, v. a. bei Veranstaltungen oder in öffentlichen Verkehrsmitteln, sollten aber natürlich auch hier beachtet werden. Ist man bestohlen worden, muss bei der Polizei Anzeige erstattet werden (s. S. 120).

Seit 1999 ist ein stetiger Rückgang der Gesamtkriminalität in Nordschwaben und damit auch in Augsburg zu beobachten. Diebstahlsdelikte stellen dabei mit etwa 30 % den größten Anteil der Straftaten. Im Bereich der **Rauschgiftkriminalität** ist die Situation noch immer kritisch, denn Augsburg steht als einer der Hauptumschlagplätze in Bayern weit oben in der Drogenstatistik.

079ab Abb.: mb

Sport und Erholung

Möglichkeiten, aktiv Sport zu betreiben, gibt es in Augsburg vor allem im Süden der Stadt, im Siebentischpark bzw. -wald. Dort, wo der Siebentischwald 37 beginnt, befindet sich die **Sportanlage Süd** mit Parkplätzen, Kiosk und DAV-Kletterzentrum (www.dav-kletterzentrum-augsburg.de) und einem beliebten Lauf-/Walking-Treff. Es gibt markierte Waldlaufstrecken über 3, 5 und 8 km durch idyllische Wald- und Parklandschaft. Ideal für Läufer ist auch der sogenannte Max-Gutmann-Laufpfad (werktags 8–20, Sa. 9–18, So. 9–13 Uhr, abends Flutlichtbeleuchtung) mit einem Rundkurs von 1,7 km.

- S221 [ci] **Bezirkssportanlage Süd,** Ilsungstr., ab Haunstetter Str., Straßenbahn 2 „Siemens"

Baden

- S222 [D3] **Altes Stadtbad,** Leonhardsberg 15, Tel. 3249779, http://wellness-cafe.info. Schwimmbad, Sauna, Wellnessangebote und nettes Café. Hallenbad von 1902/1903 mit zwei nach Geschlechtern getrennten Schwimmhallen im Jugendstil. Besichtigung auf Anfrage an der Kasse.
- 40 [dh] **Kuhsee.** Mit Restaurant am Ostufer, Kiosks, WCs, Bootsverleih. Auen-, Weitmann-, Ilse- und Mandichosee schließen sich südlich an den Kuhsee (entlang dem Lech) an und sind z. B. leicht mit dem Fahrrad erreichbar.
- › Im Bau ist eine rund 8 m breite **Surfwelle** (https://surfwelleaugsburg.de) am Senkelbach, nachempfunden jener berühmten in München am Isarkanal. Sie soll 2024 in Betrieb genommen werden.

Die Wertach – Badeplatz für viele Augsburger

Zuschauersport

Der **FC Augsburg** (s. S. 57) mag zwar die sportlichen Schlagzeilen bestimmen, doch andere Vereine, Sportler und Sportarten haben eine ebenso lange und manchmal sogar erfolgreichere Tradition in der Sportstadt Augsburg. So kann gerade das **Eishockey** auf eine lange Geschichte zurückblicken: 1878 gegründet, ist der Augsburger Eislaufverein (AEV) heute der älteste Eissport betreibende Verein Deutschlands und eines der Gründungsmitglieder der DEL, der deutschen Profiliga. Nummer 3 der Sportszene sind die **Basketballer** des BG Leitershofen/Stadtbergen. Die derzeit drittklassigen (Pro B) „Kangaroos“ haben eine wachsende Fangemeinde, die die Sporthalle in Stadtbergen regelmäßig in einen Hexenkessel verwandelt – ein Erlebnis für jeden Basketballfan.

Was die beiden Aushängeschilder des Augsburger Sports, der FCA und AEV, nicht geschafft haben, darauf kann der **TV Augsburg** verweisen: Das **Skaterhockey-Team** gewann 2011 und 2012 den Meistertitel und holte 2013, 2014 und 2015 sogar den Europapokal.

Wer die Olympischen Sommerspiele verfolgt, stößt bei den Kanu-/Kajakslalom-Wettbewerben stets auf erfolgreiche Augsburger „Paddler“. Spätestens seit der Eröffnung des **Eiskanals** 41, der weltweit ersten künstlichen Wildwasserslalomstrecke, ist Augsburg eine Hochburg des **Kanu- und Kajakslaloms.** Viele Weltmeister und Olympiamedaillen-Gewinner stammen aus der Stadt: wie **Sideris Tasiadis** (Canadier Einer), ein Augsburger mit griechischen Wurzeln, der derzeit als eines der größten Talente im Kanusport gilt, und **Hannes Aigner** (Einer-Kajak). Jüngster Höhepunkt war die **Kanu-WM 2022**, wo Sideris Tasiadis zur Freude der Stadt Weltmeister wurde.

Die lange Präsenz der U.S. Army in Augsburg hat auch sportlich Spuren hinterlassen, so werden typische US-Sportarten wie **Baseball** (Augsburg Gators – www.augsburg-gators.de) und **American Football** betrieben. Im American Football gibt es sogar drei lokale Teams (Augsburg Raptors, www.augsburg-raptors.de, Augsburg Storm, www.augsburgstorm.de, Königsbrunn Ants, https://koenigsbrunn-ants.com), wobei die Ants mit ihrem 40-jährigen Bestehen zu den ältesten deutschen Vereinen zählen.

Vor nicht allzu langer Zeit galt Augsburg auch als **Frauenvolleyball-Hochburg.** In den 1980er-Jahren gehörte die **TG Viktoria** unter Trainer Peter Götz zu den deutschen Topteams und gewann 1985 neben der Meisterschaft auch den DVV-Pokal und den CEV-Cup (Europapokal). Derzeit spielen die Volleyballerinnen des **DJK Augsburg-Hochzoll** in der dritten Liga.

Die Augsburg Panther spielen in der höchsten Spielklasse, der DEL

123ab Abb.: mb

- **Augsburg Panther** (s. S. 34)
- **FC Augsburg** (s. S. 57)
- **TV Augsburg** (Skaterhockey) – www.tvaugsburg.de/skaterhockey.html
- **Hessing Kangaroos BG Leitershofen/ Stadtbergen** (Basketball) – https://hessing-kangaroos.de
- **DJK Augsburg-Hochzoll** (Volleyball) – www.djk-augsburg-hochzoll.de/volleyball

19 [B3] **Curt-Frenzel-Stadion.** Eisstadion der DEL-Mannschaft Augsburg Panther, Fassungsvermögen ca. 6200 Zuschauer, davon etwa 2000 Sitzplätze.

S223 **Sporthalle Stadtbergen,** Am Sportpark 1 (Tram 6 „Stadtberger Hof", von dort aus ca. 10 Min. Fußweg)

44 **WWK Arena.** Fußballstadion des FC Augsburg (30.660 Zuschauer). Zu Spielen eigene Straßenbahnlinie ab Hbf. bzw. Kö (Fahrt im Ticket enthalten).

Stadttouren

- Mit dem **öffentlichen Nahverkehr** lässt sich die Stadt auf mehreren von der **SWA** zusammengestellten Touren erkunden (www.sw-augsburg.de/magazin/detail/entdeckertouren-sightseeing-mit-bus-und-tram-tour-1, auch als App).

Motorisierte Touren

- **2000 Jahre Augsburg in 2,5 Stunden,** Anfang April–Ende Okt. Fr. 15, Sa., So. 10.30 Uhr, 15 €, Infos: Tel. 2628880. Busrundfahrt ab Rathaus mit Kurhaustheater, Fuggerei, Schaezlerpalais.

Touren zu Fuß

- Unter **www.augsburg-tourismus.de/de/fuehrungen** sind die von Augsburg Tourismus angebotenen, an der Tourist-Info (s. S. 114) startenden Touren aufgelistet.
- **Via Augusta Stadtführungen** (https://augsburger-stadtführungen.com): historische Stadtrundgänge für Gruppen, angeführt von Studenten und Doktoranten, die unterhaltsam und fundiert Einblick in die Stadtgeschichte geben. Außer einer „Standardtour" (gratis) gibt es für Gruppen Führungen zu Themen wie Martin Luther, Römerzeit, Fugger und Welser oder Stadt des Wassers.

Spezialtouren

- **Augsburg Genusstouren** (https://augsburger-genuss-touren.de, Tel. 79624249): dreistündige kulinarische Stadtführungen durch verschiedene Viertel oder mit thematischen Schwerpunkten (z. B. „Kaffee" oder „Markt") mit 5–6 Stationen, an denen es Kostproben gibt.
- **Mein ist Dein Augsburg** (www.meinistdein-augsburg.de): „einzigartige Geheimtipps" in Augsburg und der Region, bisher zwei Touren, meist einmal im Monat. Die Website ist auch darüber hinaus informativ.
- **Nostalgie-Tram** (www.sw-augsburg.de/privatkunden/dienstleistungen/historische-tram): Fahrten mit einer historischen Straßenbahn, Apr.–Okt. jeden 1. Sa. im Monat drei Fahrten (14/15/16 Uhr) ab Königsplatz (Bahnsteig B2), Tickets im dortigen swa-Kundenzentrum.
- **Segway Tour Augsburg,** Dominikanergasse 18, Tel. 50873506, www.segtour-augsburg.de, Classic- und Wassertouren mehrmals tgl., 85 €
- **Stadtwege** (www.stadtwege.de, Tel. 54090100): Altstadt- oder Wassertouren oder thematische Spaziergänge wie „Sagenumwobenes Augsburg" oder „Rätselhafte Symbole".
- **Tavern Tours,** Infos und Buchung: https://taverntours.de. Dreistündige, unterhaltsame Stadtführung mit Biertasting (44 €), bei der es nicht nur um Geschichte und Architektur, sondern auch um Braukunst, Bierkultur und Bierverkostung geht.

Unterkunft

Es gibt in Augsburg Unterkünfte aller Kategorien, wobei es für einen Kurzaufenthalt am empfehlenswertesten ist, eine Unterkunft in Innenstadtnähe zu wählen bzw. eine, die günstig an einer Trambahnhaltestelle liegt.

Buchungsservice/ Zimmervermittlung

Unterkünfte können über **Regio Augsburg Tourismus** (Tel. 5020731, www.augsburg-tourismus.de/de/uebernachten) gebucht werden. Direkt vor Ort vermittelt die **Tourist-Info am**

MEIN TIPP

Das beste Haus am Platz

Das **Hotel Maximilian's** (früher Steigenberger Drei Mohren) ist eines der traditionsreichsten Hotels Deutschlands und Augsburgs Aushängeschild an der städtischen Prachtmeile, der Maximilianstraße. Hier standen schon illustre Namen wie Casanova, Mozart, Goethe, Thomas Mann, Richard Wagner oder Franklin D. Roosevelt auf der Gästeliste. Die Wurzeln des Hotels gehen auf ein Wirtshaus von 1344 zurück, in dem seit 1495 Übernachtungsgäste aufgenommen wurden. Ständig erweitert, erwarben 1575 die Fugger das Gasthaus, verkauften es 1722 nach einem Brand und die neuen Besitzer ließen ein neues Hotel namens „Zu den drei Mohren" errichten.

Im Laufe des 19. Jh. mauserte sich dieses unter Hotelier Johann Georg Deuringer zum Mittelpunkt des gesellschaftlichen Lebens der Stadt. Im Bombenhagel des Zweiten Weltkriegs im Februar 1944 zerstört, wurde das Hotel 1956 wiedereröffnet und gilt seither als erstes Haus am Platz. 2012 fanden umfangreiche Umbaumaßnahmen statt. Entstanden ist ein elegant-modernes Hotel mit 132 Zimmern und Suiten, ausgestattet mit Kunstwerken aus der hochkarätigen hauseigenen Sammlung. 2020 wurde der Name nach Kaiser Maximilian I. in „Hotel Maximilian's" geändert, 2021 erhielt das Hotel die 5-Sterne-Superior-Auszeichnung.

224 [D5] **Hotel Maximilian's** €€€, Maximilianstr. 40, Tel. 50360, www.hotelmaximilians.com

› **Restaurant Maximilian's** (s. S. 67)
› **Bar 3 M** (s. S. 67)
› **Restaurant Sartory** (s. S. 67)
› **Steinborn Spa,** https://steinborn-spa.com bzw. www.hotelmaximilians.com/hotel/spa. Wellness auf 360 m² im orientalischen Stil mit Anwendungen. Auch für Tagesgäste.

162ab Abb.: mb

Rathausplatz (s. S. 114) Zimmer, ansonsten sind evtl. auch folgende Websites hilfreich:

- www.unterkuenfte-augsburg.de
- www.deutsche-pensionen.de/pension-augsburg/verzeichnis-lage.html (Privatzimmer und Ferienwohnungen)

Pauschalangebote sind ebenfalls im Angebot, z. B. drei Tage/2 Übernachtungen mit Essen, Führungen oder Eintrittskarten. Infos dazu:

- www.augsburg-tourismus.de/de/pauschalangebote

MEIN TIPP

Inklusiv nächtigen

Der Verein „einsmehr" – der Name spielt auf das Downsyndrom an – schaffte mit diesem Projekthotel Arbeitsplätze für Menschen mit Behinderung.

231 **Hotel einsmehr** €-€€, Alfred-Nobel-Str. 9, Tel. 455910, www.hotel-einsmehr.de. **Inklusionshotel mit Vorbildfunktion:** 73 geräumige, barrierefreie Zimmer im Westen Augsburgs, nahe Universitätsklinikum, ruhige Lage mit Straßenbahnanschluss.

Unterkunftsempfehlungen

Preiswerte Kategorie

225 [ch] **B&B Hotel Augsburg** €-€€, Haunstetter Str. 68 (Straßenbahnlinie 2), Tel. 498120, www.hotelbb.de/augsburg. **Modernes Hotel etwas abseits des Zentrums:** insgesamt 100 Zimmer (auch Familienzimmer), kostenloses Parken. Frühstücksbuffet extra.

- **Grandhotel Cosmopolis** € (s. S. 78), Tel. 45082411, https://grandhotel-cosmopolis.org/de. **Bunt und nicht alltäglich:** ungewöhnliches multikulturelles Haus, das auch als Asylbewerberwohnheim dient. Elf von Künstlern gestaltete Gästezimmer, dazu Stockbett- und Mehrbettzimmer, WC/Dusche auf dem Gang, recycelte Möblierung, teils mit Balkon. Aufzug, Cafébar mit Biergarten und Kunstaktionen/Veranstaltungen.

226 [D2] **Hotel Fischertor** €-€€, Pfärrle 16/18, Tel. 345830, http://hotel-fischertor.de. **Kleines, einfaches Hotel im Domviertel:** Unterkunft mit 21 günstigen, ordentlichen Zimmern. Zugehöriges Restaurant Oblingers und naher Biergarten Lug ins Land (s. S. 70).

227 [B5] **ibis Augsburg Hauptbahnhof** €, Halderstr. 25, Tel. 50160, https://all.accor.com/hotel/1438/index.de.shtml. **Saubere Zimmer in zentraler Lage:** 132 Zimmer nahe Hbf., zweckmäßig eingerichtet, eher klein. Frühstück kostet extra, mit Bar.

228 [af] **ibis budget Augsburg City** €, Holzbachstr. 2a, Tel. 90898870, www.ibis-budget-hotel-augsburg-city.de. **Funktional und schlicht:** 99 preiswerte Zimmer in einem Neubau an einer belebten Straße, aber stadtnah (zu Fuß zum Hbf. ca. 15 Min.), Frühstücksbuffet extra, Etagenbett für ein Kind unter 12 Jahren vorhanden.

229 [C6] **ibis Königsplatz** €, Hermanstr. 25, Tel. 50310, https://all.accor.com/hotel/1092/index.de.shtml. **Zentral und zweckmäßig:** ähnlich wie ibis Augsburg Hauptbahnhof und ebenfalls günstig gelegen.

230 [B7] **Stadthotel in Augsburg** €-€€, Gögginger Str. 39 (Straßenbahnlinie 3

Preiskategorien

Die Preiskategorien beziehen sich auf den Preis für eine Nacht im Doppelzimmer (sofern nicht anders angegeben ohne Frühstück).

€	unter 90 €
€€	90–140 €
€€€	über 140 €

064ab Abb.: mb

„Kongresshalle"), Tel. 578077, www.stadthotelaugsburg.de. **Nah am Park:** 24 nicht allzu große, aber günstige Zimmer unterschiedlicher Kategorien inkl. Frühstücksbüfett, relativ stadtnah, mit kleiner Hotelbar.

Mittelklassehotels

232 [D5] **ANA Living City Center Augsburg** €€, Vorderer Lech 14, https://ana-hotels.com/living-augsburg-city-centre, Tel. 42088811. **Charmantes Boardinghouse in der Altstadt:** 11 individuell gestaltete Apartments zum Wohlfühlen, teils mit Küche.

233 [D6] **Haus Sankt Ulrich** €€, Kappelberg 1, Tel. 31520, https://haus-st-ulrich.de. **In ruhiger Altstadtlage, gut für Familien:** Tagungshotel in einer kirchlichen Behinderteneinrichtung hinter St. Ulrich. Schlicht-moderne Zimmer (auch Familienzimmer) inkl. Frühstücksbuffet und mit Restaurant und Swimmingpool.

234 [B4] **Hotel am Alten Park** €€, Frölichstr. 17, 0821450510, https://hotel-am-alten-park.de. **Luxus in Bahnhofsnähe und doch im Grünen:** eingebettet in einem alten Park, der u. a. Diakonissen-Mutterhaus, Kapelle, Krankenhaus, Ärztehaus und das Restaurant zeit.los mit Sonnenterrasse umfasst und mitten im Herzen der Stadt liegt. Gästebibliothek und Dachterrasse. 54 komfortable Zimmer mit Sitzecken, auch Familienzimmer und vier Apartments/Studios.

235 [D4] **Hotel am Rathaus** €€-€€€, Am Hinteren Perlachberg 1, www.hotel-am-rathaus-augsburg.de, Tel. 346490. **Kleines, feines Stadthotel in Innenstadtlage:** mit Tiefgarage und 31 ordentlichen Zimmern, Aufenthaltsraum und Bar.

236 [C2] **Hotel Augsburger Hof** €€, Auf dem Kreuz 2, Tel. 343050, www.augsburger-hof.de. **Idyllisch-ruhig in der Altstadt:** Hotel nahe dem Dom mit im rustikalen Landhausstil eingerichteten Zimmern. Inklusive Frühstücksbuffet, auch Arrangements und Frühbucherpreise.

237 [ah] **Hotel Villa Arborea** €€, Gögginger Str. 124 (Straßenbahnlinie 1 „Maria Stern"), Tel. 907390, www.hotel-villa-arborea.de. **Familiäres Villen-Ambiente:** übernachten in der historischen Villa einer stadtbekannten Baderfamilie, umgeben von einem herrlichen Park. 10 EZ/8 DZ, modern ausgestattet, dazu zwei Familienzimmer. Sonnenterrasse, Garten und Wellnessbereich.

Das Hotel Augsburger Hof ist schön im Domviertel gelegen

Gehobene Kategorie

238 [C5] **City Hotel – Ost am Kö** €€-€€€, Fuggerstr. 4–6, Tel. 502040, www.ostamkoe.de. **Mitten im Geschehen:** Hotel in zentraler Lage am Kö. 50 freundliche, gut ausgestattete Zimmer in verschiedenen Kategorien (inkl. Frühstücksbuffet), Sauna, kleine Hotelbar. Zimmer mit Schallschutzfenstern ausgestattet, überwiegend zur ruhigen Hofseite.

239 [D2] **Dom Hotel Augsburg** €€-€€€, Frauentorstr. 8, Tel. 343930, www.domhotel-augsburg.de. **Familiäres Altstadthotel mit unterschiedlich großen Zimmern:** verschiedene Kategorien, besonders schön sind jene mit Loggien und Ausblick. Hauseigene Tiefgarage.

240 [B7] **Dorint an der Kongresshalle Augsburg** €€-€€€, Imhofstr. 12, Tel. 59740, https://hotel-augsburg.dorint.com/de. **Übernachten im „Maiskolben":** Im einzigen Hochhaus von Augsburg, im Wittelsbacher Park, werden knapp 200 moderne Zimmer in verschiedenen Kategorien, alle mit Klimaanlage, vermietet. Die besseren liegen in den oberen Etagen und verfügen über einen Balkon. Zugehöriges Restaurant, Bar und Spa-/Wellness-Bereich.

241 [C4] **Hotel Augusta** €€-€€€, Ludwigstr. 2 (Eingang: Kesselmarkt), Tel. 50140, www.hotelaugusta.de. **Ein Traditionshaus in zentralster Lage:** gegenüber der Fußgängerzone gelegen, über 100 Zimmer verschiedener Kategorien, nach hinten ruhiger, inklusive Frühstücksbuffet. Bar und Fitnessraum zugehörig.

242 [B5] **Maison Viktoria** €€, Viktoriastr. 4, Tel. 9997220, https://hotels-maison.com/viktoria-augsburg. **Im französischen Stil aufgehübscht:** Das frühere Riegele-Hotel gegenüber dem Hbf. verfügt über 28 Zimmer und eine Suite. Frühstück gibts im hoteleigenen Bistro und in der Viktoria Lounge kann man es sich gemütlich machen.

Bed & Breakfast und Apartments

243 [E4] **Altstadt-Charme Apartment** €€, Mittlerer Lech 35, Tel. 08234 420720, www.altstadt-charme.de. **Ganz wie daheim:** 60 m²-Wohnung im Herzen der Altstadt, nahe dem Rathaus in einem historischen Gebäude, für 2 bis 4 Personen.

244 [C3] **Boutique Rooms** €€, Alte Gasse 22, www.airbnb.de/users/show/497529248. Drei neue Apartments/Zimmer, geschmackvoll eingerichtet, aller Luxus und kundige Gastgeber.

245 [E4] **Ferienwohnungen** €-€€, Oberer Graben 9, Tel. 36004, www.unterkuenfte-altstadt-augsburg.de/html/altstadtflair.html. **In der Altstadt wohnen:** insgesamt drei gut ausgestattete Altstadtwohnungen (und eine in Uni-Nähe) verschiedener Größe in zentraler Lage: „Altstadtflair", „Am Graben" und „Domblick", Preise je nach Saison und Größe, meist Mindestaufenthaltsdauer von 4 Tagen.

246 [C2] **Pension Herrenhäuser** €, Georgenstr. 6, Tel. 3463173, https://augsburgpensionherrenhaeuser.jimdofree.com. **Ganz besonderes Ambiente:** nette Familienpension in einem historischen Altstadthaus nahe dem Dom. 4 Zimmer, davon 3 Doppelzimmer, inklusive reichlichem Frühstück, Bad/Dusche, WC und TV.

Jugendherberge und Hostel

247 [E3] **SLEPS** €, Unterer Graben 6, Tel. 7808890, www.sleps.de. **Modern und zweckmäßig:** 178 Betten in 62 Zimmern, davon 35 DZ, großteils mit eigenem Bad und Balkon, in direkter Kooperation mit der DJH-Jugendherberge im selben Gebäude, hier ist jedoch kein Jugendherbergsausweis nötig. Lobby mit Bar, Speiseraum, Aufenthalts- und Leseraum mit Kinderspielecke, Partyzimmer.

Verkehrsmittel

Dem **AVV (Augsburger Verkehrs- und Tarifverbund)** – kooperierend mit den SWA (Stadtwerke Augsburg) – sind alle öffentlichen Verkehrsmittel (AVV-Regionalbusse, Regionalzüge, Stadtbusse und Straßenbahnen) angeschlossen. Maßgebliches Verkehrsmittel in der Innenstadt sind die Straßenbahnen („Trambahn").

Der **Königsplatz** 9, Hauptknotenpunkt des öffentlichen Nahverkehrs, präsentiert sich luftig, großzügig und dazu architektonisch ansprechend.

Derzeit läuft noch der **Umbau des Hauptbahnhofs** inkl. neuer Straßenbahnlinie 5 und Straßenbahntunnel. Die Neueröffnung des Empfangsgebäudes und der Fußgängerunterführung findet im Herbst 2023 statt.

- ℹ 248 [B5] **AVV-Kundencenter (Augsburger Verkehrs- und Tarifverbund),** am Hbf., Halderstr. 29, Mo.–Do. 8–18, Fr. 8–14, Sa. 9–13 Uhr, Servicetelefon: 0821157000, www.avv-augsburg.de.
- ℹ 249 [C5] **swa Kundenzentrum Königsplatz,** Tel. 65005888, www.sw-augsburg.de. Infos und Tickets. Fundsachen aus Straßenbahnen/Bussen: Beethovenstr. 4, Tel. 65005785.

Tarifzonen und Preise

Der Fahrpreis ist nach Zonen gestaffelt und richtet sich danach, wie viele aneinander grenzende Zonen (10–98) berührt werden. Deren Zahl entspricht der Preisstufe (1 bis 12).

- › **Tarifzonen Innenstadt:** www.avv-augsburg.de/fahrtauskunft/tickets-tarife/tarifzonen
- › **Linien:** www.avv-augsburg.de/fahrtauskunft/fahrgastinfo/linien

Fahrkartenautomaten befinden sich an Haltestellen oder in den Bussen bzw. Bahnen. **Tickets** bekommt man auch in den Kundencentern (s. S. 129), als Handy-Ticket per AVV.mobil-App (s. S. 115) und in der Regel beim Busfahrer.

Ideales Verkehrsmittel für Augsburg: die Straßenbahn, kurz „Tram" genannt

109ab Abb.: mb

Es gibt eine **kostenlose City-Zone** (www.avv-augsburg.de/fahrtauskunft/tickets-tarife/city-zone), die acht Haltestellen im Zentrum umfasst. Vom Hbf. kommt man so z. B. kostenlos zum Königs- oder Rathausplatz. Ein **Kurzstreckenticket** (max. 4 Haltestellen) kostet 1,80 € (Kinder 6–14 Jahre 1 €), ein **Einzelticket** (Innenraum: Zonen 10 und 20) 3,60 €. Eine **Streifenkarte** (9 Streifen, Innenraum 2 Streifen pro Fahrt, sonst 1 Streifen pro durchfahrener Zone) ist für 13,20 € zu haben. In Bussen muss man in der Regel vorne beim Fahrer eingesteigen und das Ticket vorzeigen.

Eine **Tageskarte** im Innenraum kostet 8,20 €, für jede weitere Person 2,80 € (bis zu 5 Personen möglich), bis zu 4 Kinder (bis 14 J.) fahren kostenlos. Eine Wochenkarte (Innenraum) gibt es für 30,30 €. Das **AVV-Hotelticket** gibt es in vielen Hotels bzw. in der Tourist-Information (s. S. 114). Damit können Übernachtungsgäste zum Preis von nur 8,20 € zwei Tage lang beliebig oft in der gesamten Innenstadt fahren (Zonen 10/20), dazu gibt es andere Vergünstigungen. Auch im **Bayern- oder Deutschland-Ticket** ist der städtische Nahverkehr in Augsburg eingeschlossen.

Fahrdienste

Zentrale **Taxistände** sind außer am Bahnhof in der Karlstraße [D4] und der Maximilianstraße [D5] im Bereich Hotel Maximilian's (s. S. 125).

- **TAXI Augsburg**, Tel. 35025 oder 36333, https://taxi-augsburg.de
- **Uber** ist in Augsburg ebenfalls vertreten und kann per App bestellt werden.

Wetter und Reisezeit

Augsburg liegt im **Voralpenraum** und bei Föhn sind die Alpen gut zu sehen. Immerhin sind es nur ca. 100 km zum Alpennordrand und diese Nähe bestimmt das Klima. Die **Winter** sind im Allgemeinen kalt, doch nicht mit zu viel Schnee verbunden, die **Sommer** warm und mit reichlich Regen. Eine das Gemüt der Augsburger beeinflussende klimatische Besonderheit ist der **Föhn**, ein in Alpennähe typischer Südwind, der für Kopfweh und schlechte Laune verantwortlich gemacht wird. Reisende sollten zwar auch im Hochsommer Regenschirm oder -jacke dabei haben und sich im Winter warm anziehen, doch gerade wegen der meist fehlenden Extreme ist Augsburg ein empfehlenswertes **Ganzjahresreiseziel**.

Durchschnitt	Wetter in Augsburg											
Maximale Temperatur	4°	7°	10°	15°	19°	24°	25°	25°	20°	14°	8°	6°
Minimale Temperatur	–3°	–2°	0°	2°	7°	11°	12°	12°	8°	4°	1°	–1°
Regentage	16	13	14	11	14	14	14	12	12	14	14	13
	Jan	Febr	März	Apr	Mai	Juni	Juli	Aug	Sept	Okt	Nov	Dez

ANHANG

139ab Abb.: mb

Register

Das offizielle Wandbild (s. S. 66) zum Friedensfest 2021: „Fürsorge“ von Daniel Döbner

Das ist
noch nicht alles!
Mehr Reise Know-How gibt es hier:
www.reise-know-how.de
Reiseführer | CityTrip | MeinTrip | InselTrip

REISE KNOW-HOW
@ReiseKnowHow
@reiseknowhowverlag
@Reise_KnowHow
auf www.reise-know-how.de
für den Newsletter anmelden
Zugspitze, Foto: Aneta Niemitz

Impressum

Margit Brinke, Peter Kränzle

CityTrip Augsburg

© Reise Know-How Verlag
Peter Rump GmbH

6., neu bearbeitete und aktualisierte Auflage 2024

Alle Rechte vorbehalten.

ISBN 978-3-8317-3777-2

Druck und Bindung:
mediaprint solutions GmbH, Paderborn

Herausgeber: Klaus Werner
Layout: amundo media GmbH (Umschlag, Inhalt), Peter Rump (Umschlag)
Lektorat: amundo media GmbH
Karten: Ingenieurbüro K. Wendler, amundo media GmbH
Anzeigenvertrieb: KV Kommunalverlag GmbH & Co. KG, Alte Landstraße 23, 85521 Ottobrunn, Tel. 089 928096-0, info@kommunal-verlag.de
Kontakt: Osnabrücker Str. 79, 33649 Bielefeld, info@reise-know-how.de

Alle Angaben in diesem Buch sind gewissenhaft geprüft. Preise, Öffnungszeiten usw. können sich jedoch schnell ändern. Für eventuelle Fehler übernehmen Verlag wie Autoren keine Haftung.

Bildnachweis

Umschlagvorderseite: © Sina Ettmer, stock.adobe.com | Umschlagrückseite: © SeanPavonePhoto, stock.adobe.com | Umschlagklappe rechts: Margit Brinke

Soweit ihre Namen nicht vollständig am Bild vermerkt sind, stehen die Kürzel an den Abbildungen für die folgenden Fotografen, Firmen und Einrichtungen. Margit Brinke: mb

Liste der Karteneinträge

Hier nicht aufgeführte Nummern liegen außerhalb der abgebildeten Karten. Ihre Lage kann aber wie die von allen Ortsmarken im Buch mithilfe der Web-App angezeigt werden (s. S. 143).

Zeichenerklärung

- Hauptsehenswürdigkeit
- [D4] Verweis auf Planquadrat im City-Faltplan

- Arzt, Apotheke, Krankenhaus
- Bar, Bistro, Club, Treffpunkt
- Biergarten, Pub, Kneipe
- Bibliothek
- Café
- Denkmal
- Friedhof
- Galerie
- Geschäft, Kaufhaus, Markt
- Hotel, Unterkunft
- Imbiss, Bistro
- Informationsstelle
- Jugendherberge, Hostel
- Kino
- Kirche
- Moschee
- Museum
- Musikszene, Disco, Tanz
- Parkplatz
- Pension
- Polizei
- Post
- Restaurant
- Schwimmbad
- Sonstiges
- Sporteinrichtung
- Synagoge
- ★ Sehenswürdigkeit
- Theater
- Vegetarisch

- Str.-Bahn-Halt
- Stadtspaziergang (s. S. 13)
- Shoppingareal
- Gastro- und Nightlife-Areal

Augsburg mit PC, Smartphone & Co.

QR-Code auf dem Umschlag scannen oder **www.reise-know-how.de/citytrip/augsburg24** eingeben und die **kostenlose Web-App** aufrufen (Internetverbindung zur Nutzung nötig)!

★**Anzeige der Lage und Satellitenansicht aller** beschriebenen Sehenswürdigkeiten und weiteren Orte
★**Routenführung** vom aktuellen Standort zum gewünschten Ziel
★**Exakter Verlauf** des empfohlenen Stadtspaziergangs
★**Updates** nach Redaktionsschluss

GPS-Daten zum Download

Die GPS-Daten aller Ortsmarken und des Spaziergangs stehen auf der Produktseite des Titels auf www.reise-know-how.de zum Download zur Verfügung.

Stadtplan für mobile Geräte

Um den Stadtplan auf Smartphones und Tablets zu nutzen, empfehlen wir die App „Avenza Maps“ der Firma Avenza™. Über die Funktion „Store“ kann die „Citymap Augsburg 2024“ kostenlos geladen werden.

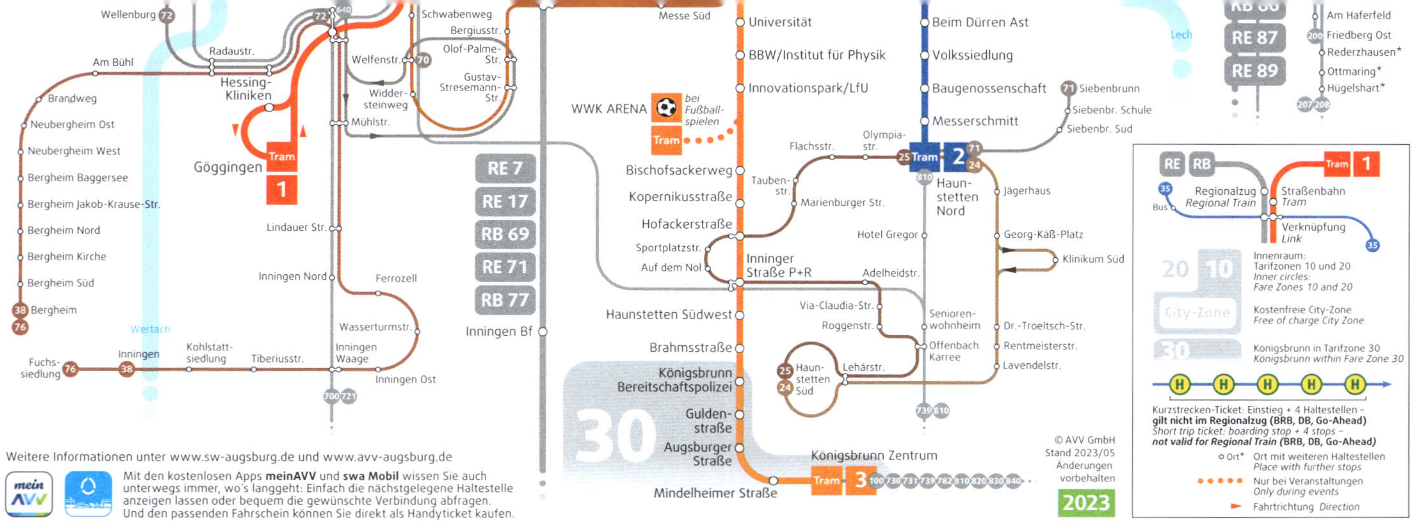

Weitere Informationen unter www.sw-augsburg.de und www.avv-augsburg.de

Mit den kostenlosen Apps **meinAVV** und **swa Mobil** wissen Sie auch unterwegs immer, wo's langgeht: Einfach die nächstgelegene Haltestelle anzeigen lassen oder bequem die gewünschte Verbindung abfragen. Und den passenden Fahrschein können Sie direkt als Handyticket kaufen.